그림으로 보는 우리나라 생활사 이야기

글·그림 / 이혁

1판 1쇄 인쇄 / 2001. 7. 16.
1판 7쇄 발행 / 2003.12. 2

발행처 / 김영사
발행인 / 박은주

등록번호 / 제1-25호
등록일자 / 1979. 5. 17.

서울특별시 종로구 가회동 17 우편번호 110-260
대표전화 745-4823, 아동팀 (교307), 마케팅부 (교101)
팩시밀리 3672-2814

저작권자 ⓒ 2000, Lee hyuck
이 책의 저작권은 저자에 있습니다. 서면에 의한 저자의
허락없이 내용의 일부를 인용하거나 발췌하는 것을 금합니다.
COPYRIGHT ⓒ 2000 by Gimm-young Publishers, Inc.
All rights reserved including the rights of reproduction
in whole or in part in any form
Printed in KOREA

ISBN 89-349-9774-73910

좋은 독자가 좋은 책을 만듭니다.
김영사는 독자 여러분의 의견에 항상 귀 기울이고 있습니다.
독자의견 전화 : 741-1990
천리안/유니텔 ID : bestbook / 하이텔 ID : sohonet
E-mail:gys@gimmyoung.com
홈페이지 http://www.gimmyoung.com
http://www.gys.co.kr

글·그림 이혁

주니어김영사

생활사 이야기를 시작하며…

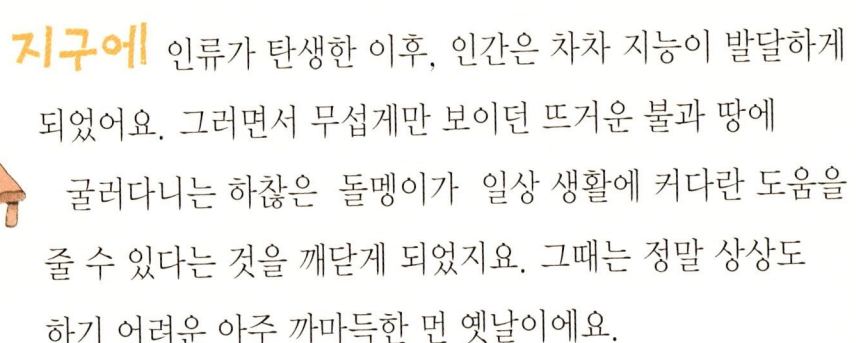

지구에 인류가 탄생한 이후, 인간은 차차 지능이 발달하게 되었어요. 그러면서 무섭게만 보이던 뜨거운 불과 땅에 굴러다니는 하찮은 돌멩이가 일상 생활에 커다란 도움을 줄 수 있다는 것을 깨닫게 되었지요. 그때는 정말 상상도 하기 어려운 아주 까마득한 먼 옛날이에요.

그렇다면 우리 나라 사람들은 그때부터 오늘날까지 어떻게 살아왔을까요? 어떻게 먹고, 입고, 일하고, 약속하고 생활해 왔을까요? 이러한 옛 생활에 대한 궁금증과 호기심을 '아하! 그땐 이렇게 살았구나' 에서 해결해 드리려고 해요.

이 책을 한 장 한 장 넘기다 보면 여러분은 마치 타임머신을 타고 옛날로 날아가 우리의 옛모습과 문화를 생생하게 들여다 보는 것 같을 거예요.

고기를 구워 먹기 위해 불씨를 얻으려고 애쓰는 선사시대의 아저씨, 어느 가을 오후 곡식의 낱알을 벗기기 위해 연자방아를 돌리는

조선시대의 아주머니, 국어를 두고도 일본인 선생님 앞에서
일본어를 배울 수 밖에 없었던 일제 강점기 때의 아이들....,

이러한 우리 겨레가 걸어온 삶의 발자취를, 현재를 살아가는 우리는 놓치지 말고
꼭 알아두었으면 해요. 왜냐하면 정치적인 역사만을 안다고 우리의 옛것을 모두 알고
있다고 할 수 없으니까요.

그럼 이제 시간을 거꾸로 거슬러 올라가 선사시대부터 여행을 떠나 볼까요.
아 참, 그리고 책장을 넘길 때 귀를 잘 기울이고 들어보세요.
혹시 옛날 사람들의 구수한 이야기 소리가 들려 올지 모르거든요.

이 책이 만들어지기까지 오랫동안 애써 주신 김소기님과
출판사 관계자 분들, 그리고 'design86' 여러분께 감사 드립니다.

2001 초여름

이 혁

이야기 순서

10 선사시대와 연맹왕국

- 구석기(여름) 12
- 신석기(가을) 18
- 신석기(겨울) 24
- 청동기(가을) 30
- 청동기(여름) 36
- 철기(봄) 42

50 삼국시대

- 고구려(겨울) 52
- 백제(봄) 58
- 신라(가을) 64

74 통일신라

- 통일신라(봄) 76

82 고려시대

- 고려(여름) 84
- 고려(겨울) 90

96 조선시대

- 조선(가을) 98
- 조선(봄) 104
- 조선(겨울) 110
- 조선(봄) 116

130 조선말~대한제국

대한제국(가을)	132

138 일제강점기

일제강점기(여름)	140
일제강점기(겨울)	146

152 대한민국

대한민국(가을)	154
대한민국(겨울)	160

잠깐 쉬어갈까요?

선사 시대에 쓰였던(도구)	48~49
농사달력(절기)	70~73
가장 즐거운 날(명절)	124~129

부록

지난 100년간의 문화생활(그림연표)	168~178
한눈에 보는 역사연표	179~184
어디에 있을까?(찾아보기)	185~188

「아하! 그땐 이렇게 살았군요」는 찾아보는 재미가 있어요

돋보기로 보는 것처럼 생생하고 자세하게

큰 그림에 펼쳐진 생활풍경 중 돋보기처럼 그 시대의
생활 모습을 생생하고 자세하게 살펴볼 수 있어요.

사회과부도나 좌표를 찾는 것처럼 재미있게

그 시대의 특징적인 생활모습은 이미 큰 그림 풍경에 펼쳐져 있어요.
그 풍경에서 사회과부도나 좌표를 찾듯 기호를 찾아 맞춰보면 생생한
생활장면을 만날 수 있어요. 사회과부도를 쉽게 활용하는
좋은 연습이 되기도 하겠죠.

세로의 위치를 알면

이 숫자는 세로의 위치를 알려주는 기호랍니다.
이제 가로와 세로의 기호를 서로 맞추면….

가로의 위치를 알고

한 시대의 다양한 장면이 풍경으로
그려져 있어 그 그림의 위치를 파악하는데
도움을 주는 가로 기준이 '가 나 다 라' 기호로
되어 있어요. 기호 사이사이 공간으로 펼쳐진
다양한 그림들이 마치 퍼즐처럼 조각그림으로
연결되어 있는 것 같지요.

가로 기호와 세로 숫자가 만나면

가로 기호와 세로 숫자가 만나는 점이 바로
다음 면에 자세하게 설명이 되어 있는 생활
그림 장면으로 나옵니다.
같이 모여 누가먼저 그림을 찾나?
재미있는 놀이도 해 볼수 있지요.

선사시대와 연맹왕국

처음 인류의 모습은 거의 원숭이와 같았어요. 그 후 세월이 흐르면서 두발로 걷기 시작했고, 마침내 사람의 모습으로 진화되었지요. 우리 나라에 인류가 살기 시작한 때는 약 70만 년 전쯤이었어요. 이들은 구석기, 신석기의 석기시대와 청동기, 철기시대(연맹왕국)를 거치며 우리 나라의 기틀을 마련하였습니다.

| 선사시대 B.C약70만년~B.C 약 100년 |

▶ 12~17쪽, B.C 30,000년 경의 **구석기(여름)**

▶ 18~23쪽, B.C 6,000년 경의 **신석기(가을)**

▶ 24~29쪽, B.C 3,000년 경의 **신석기(겨울)**

▶ 30~35쪽, B.C 500년 경의 **청동기(가을)**

▶ 36~41쪽, B.C 500년 경의 **청동기(여름)**

▶ 42~47쪽, B.C 200년 경의 **철기 연맹왕국(봄)**

구석기(여름)
B.C 30,000년경

원시인류는 처음에 돌로 된 석기를 사용했는데 이때를 구석기시대라고 해요.
구석기인들은 도구와 불을 사용하고 열매를 따먹으며 동굴생활을 했어요.
이들은 한 곳에 정착해 살지 않았고 서너 명에서 십여 명까지 무리를 지어 생활했지요.
또 이들은 먹을 것을 찾아 항상 옮겨다니며 살아야 했답니다.

1. 선사시대와 연맹왕국

구석기(여름) B.C 30,000년경

열매채집 사1

구석기시대에는 나무에 열린 **과일**이나 **도토리** 같은 열매도 좋은 먹거리 중의 하나였어요. 가까운 산에서 열매를 채집하는 일은 주로 여자와 아이들의 몫이었지요.

옷감 사4

사람들이 여럿이 모여 앉아 풀과 가죽을 이용해 옷을 만들어 입고 있어요. 구석기시대부터 여름에는 **나뭇잎**과 **풀**, **가죽**으로 간단하게 옷을 만들어 몸을 가렸어요. 또한 추운 겨울에는 짐승의 털가죽을 이용해 따뜻하게 옷을 만들어 입었습니다.

사냥도구 다5

최초의 인류는 맨손으로 작은 동물들을 잡아먹고 살았어요. 이후 구석기인들은 돌을 깨 만든 **주먹도끼**와 **투창, 방망이** 등을 쓸 줄 알게 되었지요. 이 때부터는 좀더 크고 사나운 짐승들도 사냥할 수 있게 되었답니다.

사냥 마2

남자들은 사냥도구를 이용해서 **멧돼지**나 **코뿔소, 사슴, 토끼** 등을 잡았어요. 사냥한 짐승의 고기는 소중한 양식으로 이용했고, 가죽은 주로 옷을 만드는 데 이용했답니다.

동굴벽화 나1

일부 구석기인들은 동물모양의 조각품을 만들거나 **동굴벽면**에 여러 가지 **동물그림**을 그리기도 했는데, 그러면 세상의 동물들이 번성하여 더욱 사냥감이 많아질 것이라고 생각했기 때문이었어요.

불 다3

화산폭발이나 산불을 처음 본 구석기인들은 불을 무척 무서워했어요. 그러나 점차 불을 이용해 추위를 이기고 **어둠**을 **밝히며 음식**을 **익혀먹는** 방법을 알게 되었지요.

불씨 얻는 방법

손 비빔식 곧은 나뭇가지(봉)를 양손바닥으로 잡고 강하게 비벼 회전시키면 그 마찰로 불꽃을 얻을 수 있다.

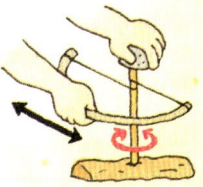
활 비빔식 활과 같은 모양의 도구를 봉에 걸쳐 꼬아, 왔다 갔다를 반복하면 봉이 좌우로 돌면서 불꽃을 얻을 수 있다.

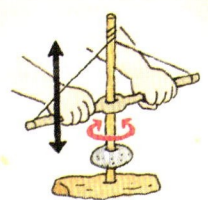
작용, 반작용식 무게가 나가는 돌을 봉에 꽂아 관성을 이용한 것. 손잡이를 아래로 힘껏 누르기를 반복하여 불꽃을 얻는다.

동굴생활 가4

구석기인들은 동굴이나 큰 바위 밑에서 살았어요. 동굴은 **눈**과 **비**, **추위** 그리고 **맹수들**을 **피하기**에 좋은 곳이었답니다.

신석기(가을)
B.C 6,000년경

신석기시대에는 **돌**을 **정교**하게 **갈아** 만든 **석기**를 사냥과 생활도구, 무기 등으로 사용했어요. 또한 흙으로 **토기**를 만들어 음식을 보관하기도 했지요. 신석기인들은 바닷가나 강가 같은 곳에 **움막**을 짓고 **혈연**끼리 무리 지어 **정착생활**을 했는데 이때부터 처음으로 밭농사를 시작하여 곡식을 재배했고, 동물사냥과 낚시도 본격적으로 시작되는 등 원시생활에 커다란 변화가 일기 시작했습니다.

1. 선사시대와 연맹왕국 21

신석기(겨울)

B.C 3,000년경

신석기 때의 겨울은 길고 추웠지만, 사람들은
따뜻한 날이면 사냥과 바깥활동을 하며 생활하였어요.
남자들은 무리를 지어 사냥을 하거나 강가에서 얼음을 깨고 낚시를 했지요.
또한 겨울에는 봄이나 여름에 쓸 여러 가지 생활도구를 만들거나
집을 수리하기도 했답니다.

신석기(겨울) B.C 3,000년경

식수 구하기 나5

눈 퍼다 녹이기, 강가의 얼음깨기, 이것은 먹는 물을 얻기 위한 일 들이랍니다. 모든 것이 꽁꽁 얼어버린 겨울에는 물을 구하기가 쉽지 않았어요. 그래서 **눈**이나 **얼음**을 녹여 먹거나, 두껍게 언 **강**을 깨고 물을 길어 먹었습니다.

사냥도구 만들기 바5

남자들이 모여 앉아 즐겁게 사냥도구를 만들고 있어요. **화살**과 **작살**은 동물의 뼈나 뿔, 돌 등을 날카롭게 갈아서 나무막대에 끈으로 묶어 만들었어요. **낚시바늘**은 사슴뿔 등을 정교하게 깎아 만들었지요.

옷감 만들기 아4

겨울에는 추위를 피하기 위해서 털가죽을 여러 겹 겹쳐 입었어요. **짐승의 털가죽**은 햇볕에 말린 다음, 안쪽을 돌로 문질러 바느질해서 입은 것이지요. 여름철에는 **말린 풀잎**을 엮어 옷을 만들어 입었는데, '삼'이라는 질긴 풀로 **가락바퀴**라는 도구를 이용해 실을 만들고 옷감을 짜서 옷을 지어 입기도 했어요.

① 가죽을 벗긴다.
② 기름등을 바르고 다듬는다.
③ 팽팽하게 말린다.
④ 재단을 한 후 실로 꿰맨다.
⑤ 가죽(털)옷 완성.

㉮ '삼'이라는 풀을 삶아서 껍질을 가늘게 쪼갠다.
㉯ 가락바퀴를 이용해 실을 만든다.
㉰ 실을 베틀로 짠다.
㉱ 체형에 맞게 꿰맨다.
㉲ 삼베옷 완성.

사냥 나2

이 시기의 농업은 아직 초보단계여서 수확량이 그리 많은 것은 아니었어요. 그래서 저장해 둔 곡식이 부족해 **겨울**에도 **사냥**을 해야만 했답니다. 겨울에 눈이 쌓이면 이동은 좀 불편했지만 눈 위에 짐승들의 발자국이 찍혀 있어 짐승을 찾기가 쉬웠고, 발견한 키 작은 짐승들은 눈 때문에 잘 뛰지 못해 쉽게 잡을 수가 있었어요.

낚시 가6

햇볕이 따뜻한 날 오후에는 강가에 나가 **얼음을 깨고 낚시**를 하기도 했어요. 낚시바늘에 미끼를 달아 얼음 구멍 속에 담가 놓으면 어느새 커다란 물고기가 걸려 올라와 저녁 식사를 푸짐하게 해주었답니다.

양식공동분배 바3

가족 대표로 모인 사람들이 양식을 나누고 있어요. 씨족을 이루고 사는 신석기인들은 **공동체 생활**을 했습니다. 그래서 사냥을 해서 얻은 고기와 추수한 곡식을 모두가 똑같이 공평하게 나누어 생활했답니다.

식사 라4

겨울철 식사시간이에요. 햇살이 따스한 날 한 가족이 오랜만에 움집 밖에서 점심을 준비하고 있어요. 겨울에는 주로 가을에 **저장해 놓은** 곡식을 끓여 먹었고, **낚시**나 **사냥**을 해서 얻은 **고기**를 불에 구워 먹거나 삶아서 먹기도 했지요.

청동기(가을)
B.C 500년경

청동기인들은 구리와 주석을 섞어 도끼, 창 등의 **무기**와 거울 같은 **장신구**를 만들었어요. 이들은 독립된 하나의 마을에 **집단**으로 모여 살았지요. 이 때부터 **쌀 농사**가 처음 시작되어 생산량이 많아지면서 부자들이 생겨났답니다. 이후 점차로 계층이 나누어져 **신분의 높고 낮음**이 생겨났어요.
평등했던 시대는 가고 계급사회가 시작된 것이지요.

1. 선사시대와 연맹왕국 33

청동기(가을) B.C 500년경

움집 마2

청동기시대에 와서 움집은 모양과 구조, 크기가 많이 달라져 대가족이 생활하기에도 넉넉했어요. 이들은 큰 마을을 이루고 살면서 야생짐승이나 적의 침입을 막을 수 있는 방어용 울타리를 마을 주위에 세우기도 했습니다.

벼농사 다4

사람들이 즐겁게 벼를 수확하고 있어요. 벼가 노랗게 익어 고개를 숙일 때면 반달돌칼을 이용해 곡식의 이삭을 따내는 추수를 시작했어요. **쌀은 모든 사람들이 좋아하는 곡식**이어서 힘겨운 추수 일도 즐거운 마음으로 했답니다.

반달돌칼로 이삭을 따는 장면

식사 바2

청동기시대부터 생산되기 시작한 쌀은 가장 인기 있는 곡식이었어요. 쌀밥은 부드러워 먹기 좋을 뿐 아니라 맛도 좋고 낱알도 크기 때문이지요. 그러나 재배기술이 초보단계라 생산량이 극히 적어, 아주 **귀한 식량**이었습니다.

가축사육 사5

가축사육이 본격적으로 시작되었어요. 신석기시대 말기부터 시작되기는 했지만 당시는 극히 일부분이었지요. 이 때부터는 사냥을 해서 먹고 남은 **짐승은 우리에 가둬 기르고 새끼를 낳게 하기도** 했습니다. 새끼를 낳아 가축을 많이 기르게 되면 위험하고 힘든 사냥을 덜 할 수 있어 좋잖아요.

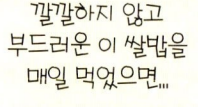

약간의 사냥 라1

젊은 남자들이 개를 데리고 사냥을 나가고 있어요. 이 때의 사람들은 여러 가지 농사를 지어 곡식을 즐겨 먹기는 했지만, 그 생산량은 적었어요. 그래서 **사냥**과 **채집**은 아직까지 중요한 일이었지요.

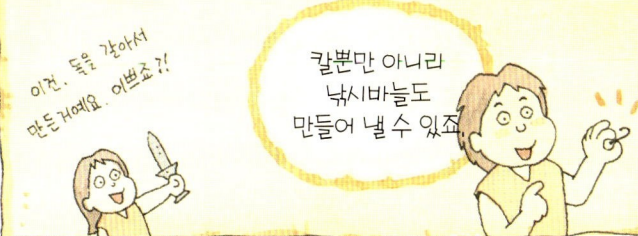

❻ 숫돌을 갈아 날을 세운다
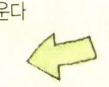
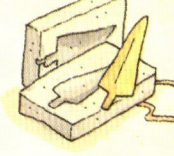
❼ 손잡이를 부착하여 완성!
❺ 식힌 후 굳은 청동을 꺼낸다.

전쟁 가2

새로운 가공(청동)무기를 만들어 낸 청동기인들은 그 우월감에 다른 지역의 집단과 싸움을 벌이기도 했어요. 청동 검과 창을 쓰는 집단이 그렇지 못한 쪽과 전쟁을 벌여 땅을 빼앗아 그 땅을 정복했던 것이지요.

❹ 청동을 거푸집에 붓는다.

청동기류 사3

구리와 주석을 불에 녹여 여러 가지 물건을 만들고 있어요. 청동은 매우 귀했기 때문에 농기구나 무기 등 실생활 도구보다는 **지배자들의 무기나 장신구** 등을 만드는데 더 많이 쓰였지요. 평상시에 쓰는 도구나 농기구는 여전히 석기를 사용했답니다.

청동검 만드는 순서

❸ 불에 청동을 녹인다.

❶ 돌을 깎아 거푸집을 만든다 ❷ 틈이 없도록 단단히 묶는다

토기 아4

청동기시대에 만들어진 토기는 모양이 다양했어요. **바닥을 평평**하게 만들어 똑바로 세워 놓을 수 있게 되었지요. 전에 쓰던 토기는 밑 부분이 뾰족해 정해진 토기구덩이에 놓아야만 세울 수가 있어 불편했거든요.

고인돌 가6

조형물처럼 보이는 커다란 돌을 '고인돌'이라고 부릅니다. 고인돌은 경제력이나 권력이 있는 사람을 위한 돌무덤으로 **죽어서도 그 힘을 과시**하려고 세워졌답니다.

옷 바4

이 때에도 사람들은 여전히 동물 가죽옷이나 삼베옷을 입고 생활했어요. 그러나 청동기 후기에는 옷 짓는 방법과 모양이 좀 더 발전되어 **위에는 저고리, 아래에는 바지**를 입게 되었지요.

고인돌 제작 순서
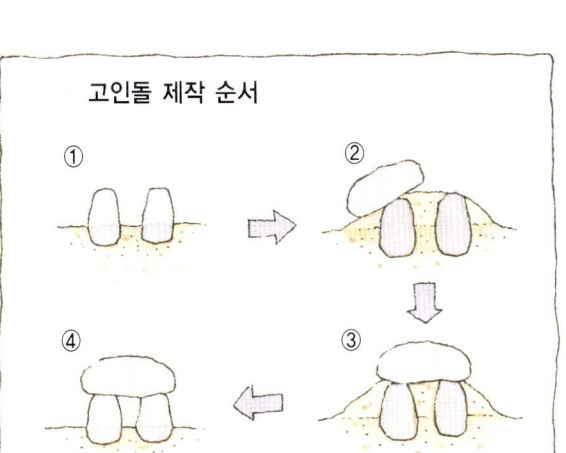

청동기(여름)
B.C 500년경

청동기인들은 **동물사냥**도 했지만 쉽고 안전한 **물고기 낚시**와 **조개 채취**도 많이 했어요. 특히 바다에서 고래라도 잡으면 한동안 사냥을 나가지 않아도 될 정도여서 사람들은 신에게 감사하며 기뻐했답니다.

청동기(여름) B.C 500년경

고래잡이 바6

이 때의 사람들은 고래사냥을 하기도 했어요. 많은 사람들이 여러 척의 **통나무배**에 나누어 타고 **작살**을 이용해 **고래를 육지로 몰며 사냥**을 했지요. 고래는 고기를 **푸짐하게 먹을 수 있고, 뼈로 다양한 생활도구를 만들 수 있어서** 퍽 유용했답니다.

고기 말리기 바2

바닷가에 사는 사람들도 **작은 물고기**나 **조개**를 햇볕에 말려서 먹기도 했어요. 조개나 내장을 빼낸 물고기를 잘 말려 놓으면, 오래 **보관**해두고 먹을 수 있었기 때문이지요.

통발 다1

'통발'로 물고기를 잡는 모습이에요. 통발은 가늘게 쪼갠 대나무를 엮어 만든 것인데, 통발을 물에 담가 두어 안에 들어온 물고기를 잡았답니다.

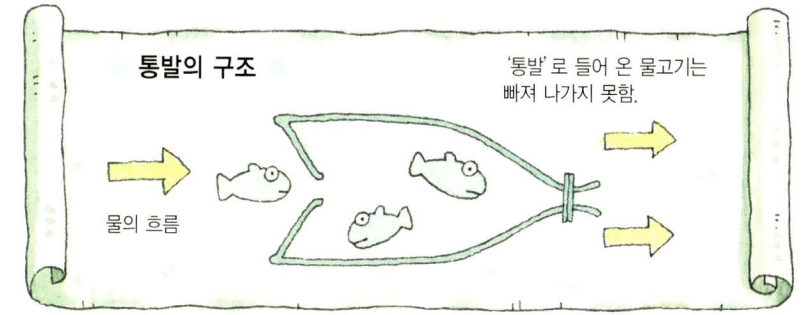

반두 가3

'반두'라는 **그물채**를 이용해 물고기를 잡고 있어요. 주로 냇가와 계곡에서 사용되는 반두는 끈을 그물식으로 엮어 만든 것으로 두 사람이 양끝을 잡고 물고기를 몰아서 상처나지 않게 물고기를 잡을 수 있었어요.

벽화 사1

이 때의 바닷가에 살던 사람들은 바위에 **고래**에 관한 여러 가지 벽화를 그렸어요. 바닷가에 사는 사람이라면 누구나 고래가 잡히길 바랬기 때문이지요. 그래서 사람들은 **고래가 많아지고 또 많이 잡히기를 바라는 마음**으로 고래에 관한 그림을 그렸답니다.

조개무덤 다4

바닷가에 살던 사람들은 **조개껍데기**를 일정한 곳에 모아 두었는데, 이곳을 무척 **신성**하게 여겼어요. 그래서 조개껍데기가 쌓여있는 이곳을 **무덤**으로 이용하기도 했습니다.

통나무배 만들기 마4

커다란 통나무를 베어다 나무 가운데를 파내어 배를 만들고 있어요. 이 통나무배는 크기가 작고 가벼워서 운반하기 쉬웠어요. 그래서 **바다는 물론 강에서 편리하게 이용**했습니다.

조개채취 아3

바닷가에서 가장 쉽게 얻을 수 있던 것이 조개였어요. 조개는 **해안가 사람들**에게는 언제든지 구할 수 있는 **먹거리** 중 하나였지요. 조개 종류에는 전복, 홍합, 소라 등이 있지요.

배낚시 아5

사람들은 깊은 바닷물 속에 있는 물고기를 잡기 위해 배를 타고 나가서 낚시바늘과 끈을 이용해 손 낚시를 했어요. 물고기가 미끼를 물면, 끈을 통해 사람의 손에 전달되어 느낌을 알아차려 그 순간 바로 낚아채는 방법으로 낚시를 했답니다.

철기(붐)
B.C 200년경

청동기인들은 **철**로 **도구**를 만들어 쓰는 철기시대를 맞이하게 되었어요. 청동은 마모가 심해 사용하기 어려웠지만, 철은 강해서 정교하게 만들어 쓸 수 있었지요. 철로 만든 농기구들은 **농업**을 빠른 속도로 **발전**시켰어요. 이 때 한반도에는 **고구려, 부여, 옥저, 동예** 등의 크고 작은 나라들이 세워지기 시작했어요. 이들은 서로 겨루면서 점차 **삼국형성**의 기반을 갖춰 나가기 시작했습니다.

1. 선사시대와 연맹왕국 45

철기(봄) B.C 200년경

막집 마4

사람들은 바닥을 높여 원두막 모양으로 지은 집에서 살기도 했어요. 주로 땅에서 올라오는 습기와 더위를 피하기 위해 서민들이 여름에 이런 막집을 지어 살았습니다.

"여름엔 더우니까 여기서 살죠."

"서서히 돌려 가면서 두들개로 형태를 만들어 간답니다."

"완성된 토기는 밀폐된 가마에서 구워 냅니다."

토기 바3

두들개나 물레 같은 돌림판을 이용하여 보다 쉽게 **균형잡힌 토기**를 만들게 되었어요. 또한 사방이 막힌 **가마에서 토기를 구워**내기 시작했지요. 이제는 토기만을 전문적으로 만드는 사람도 생겨났어요.

기와집 가2

철기시대의 집은 신분에 따라 각기 다르게 지어졌어요. 귀족들은 잘 다듬은 나무로 기둥을 세우고, 흙으로 빚어 구운 **'기와'를 얹어 만든 기와집**에서 생활하였습니다.

"귀족집의 지붕은 기와를 얹어 만들지요"

"드디어 그 유명한 마한제 철제농기구를 샀다해!"

"띵오와!"

철기제작 다5

이 때 쯤 부터는 **청동 대신 철을 사용**하기 시작했어요. 철은 망치로 두들겨 원하는 모양을 쉽게 만들 수 있을 뿐 아니라, 단단하기 까지해 다양한 농기구를 만드는데 제격이였어요. 그래서 **철제 농기구는 널리 보급** 될 정도로 인기가 좋았고 **외국에 까지 수출**하기도 했답니다.

옷(의상) 라4

이때부터 삼베와 면포로 짠 옷은 그 모양이 약간 개량되어 평민들이 주로 입게 되었어요. 귀족들은 누에고치에서 실을 뽑아 짠 비단옷을 입었습니다. 이젠 겨울이 되어도 볼품없는 동물 털을 이용한 옷은 거의 입지 않았답니다.

글(문자) 다3

귀족들이 모여 앉아 글공부를 하고 있어요. 철기문화가 시작되면서 우리 나라에는 중국으로부터 한자가 들어오게 되었어요. 한자는 이 즈음부터 점차 전국적으로 전파되기 시작했지요.

농사 사6

농부가 '따비'라는 농기구를 이용해 밭을 갈고 있어요. 청동기 때부터 쓰인 따비는 밭에 씨를 뿌리기 전 딱딱하게 굳은 땅을 갈아 엎을 때 사용되었습니다. 땅을 갈아 엎는 것은 씨가 잘 자라게 하기 위해서랍니다.

나무를 자르고 다듬기

벽으로 쌓아 올릴 나무 홈파기

틈새를 막을 진흙 반죽하기

지붕을 덮을 나무 껍질 다듬기

귀틀집 사2

서민들이 사는 귀틀집을 짓는 모습이에요. 귀틀집은 통나무를 쌓아 올린 후 진흙을 발라 틈을 막고 볏짚이나 나무껍질로 지붕을 덮어 만들었지요. 이전의 움집보다 훨씬 튼튼하며 실용적이어서 이때부터 사람들은 집다운 집을 짓고 살기 시작했습니다.

 잠깐 쉬어갈까요?

선사 시대에 쓰였던 〈도구〉

인류탄생 후 사람들은 지능이 발달하면서 도구를 사용하기 시작했어요. 구석기에는 돌을 깨뜨려 만든 뗀석기를 주로 사용하였고, 신석기에는 돌을 갈아서 만든 간석기가 쓰였어요. 청동기에 와서는 도구를 만드는 기술이 발달하여 청동을 포함한 다양한 간석기를 만들어 냈어요. 이후 청동보다 단단한 철제농기구와 생활도구를 만들어 내면서 사람들의 삶의 질이 더욱 높아지기 시작했습니다.

토기
신석기
진흙으로 빚어 만든 그릇이에요. 불에 구웠기 때문에 단단하기까지 하지요. 곡식이나 물을 담을 때나 음식을 조리해 먹을 때 사용했어요.

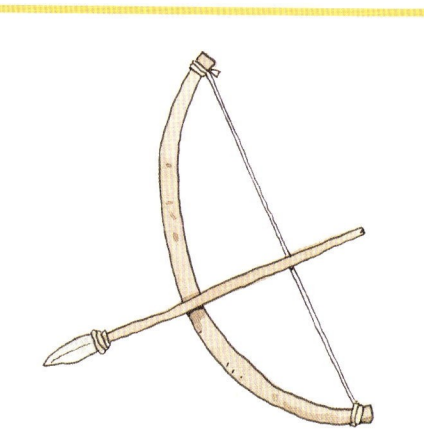

활과 화살
신석기
뾰족하게 간 돌화살촉을 화살 끝에 매달아 활의 반발력을 이용하여 먼 곳의 사냥감을 명중시켜 잡을 수 있었어요.

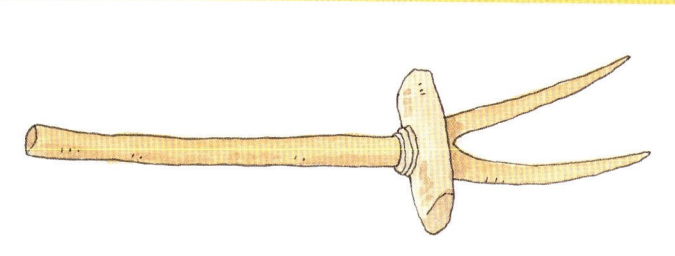

따비
청동기
농작물을 심기 전에 땅을 갈 때 쓰였어요. 삽을 쓰듯 두개의 뾰족한 부분으로 땅을 찔러 갈았어요.

돌도끼와 괭이
신석기
돌의 한 쪽 면을 예리하게 간 다음, 나무 막대로 손잡이를 만든 돌도끼예요. 돌괭이는 밭을 갈때 쓰였어요.

간석기
청동기
간석기는 청동기에 가장 많이 사용되었어요. 돌을 정성껏 갈아서 모양을 낸 간석기들은 대부분 무기로 쓰였어요.

주먹도끼

구석기
돌을 깨뜨려 날카롭게 만든 도구예요. 사냥을 할 때나 짐승의 털가죽을 벗길 때 등 여러 용도로 쓰였어요.

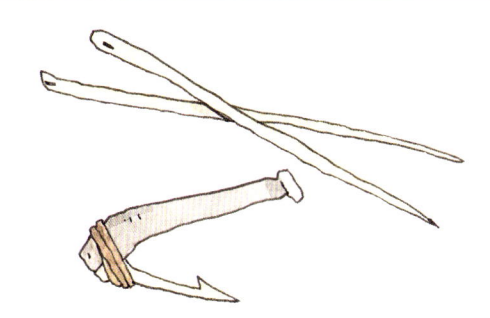

바늘과 낚시바늘

신석기
옷을 꿰매는 바늘과 물고기를 잡을 때 사용하는 낚시바늘은 동물의 뼈를 갈고 다듬어서 만들었어요.

갈돌판

신석기
곡식의 껍질을 벗기거나 낟알을 가루로 만들 때 쓰인 농기구예요.

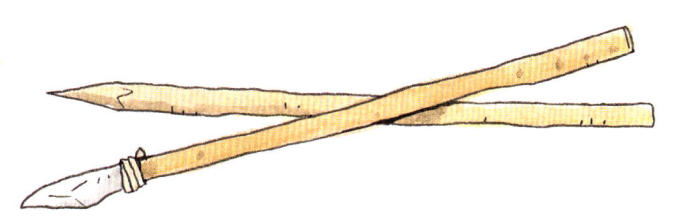

투창

구석기
나무 끝을 뾰족하게 다듬거나 날카롭게 간 돌을 묶어 만든 사냥도구예요. 멀리 있는 짐승이나 물 속의 고기를 잡을 때 사용했어요.

철제 괭이와 낫

철기
철은 청동처럼 잘 닳지도 않고 훨씬 강했어요. 그래서 얇고 정교한 농기구까지 만들어 낼 수 있었어요.

청동검

청동기
칼 모양의 거푸집에 불에 녹인 청동을 부어 식힌 다음, 그 칼을 꺼내고 손잡이를 만들어 완성시켜요. 이 청동검은 주로 지배자의 장식용 무기로 쓰였어요.

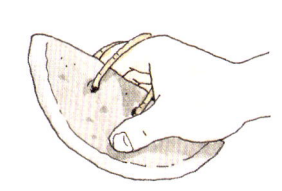

반달돌칼

신석기
벼의 이삭을 꺾어 따내는 도구예요. 돌을 반달 모양으로 갈아 만든 것으로 둥근 쪽이 이삭을 자르는 부분이에요.

삼국시대

선사시대와 철기시대를 지나면서 여러 작은 나라들이 생겨났어요. 각 나라들은 다른 나라의 땅을 빼앗기 위해 치열한 전쟁을 벌였어요. 이런 과정에서 고구려, 백제, 신라라는 뚜렷한 국가가 생겨나게 되었지요.
이들 세 나라는 서로 겨루면서 안으로는 국력을 기르고, 밖으로는 영토를 넓혀 나갔어요. 이 시기를 가리켜 '삼국시대'라 한답니다.

삼국시대 B.C 100년경~A.D 660년

▶ 52~57쪽, 380년 경의 **고구려(겨울)**

▶ 58~63쪽, 660년 경의 **백제(봄)**

▶ 64~69쪽, 660년 경의 **신라(가을)**

고구려(겨울)

380년경

북쪽의 중국 땅에서 살던 부여 족이 남쪽으로 내려와 살게 된 것이 고구려인의 시초였어요. 북쪽의 넓은 지역에 자리를 잡은 고구려는 **삼국 중 가장 먼저 성장한 국가**이기도 했지요. 고구려는 중국과의 투쟁에서도 강력한 힘을 보였어요. 이 때에 중국으로부터 불교가 고구려를 통해 우리 나라에 처음 들어오기도 하였답니다.

교육 마2

고구려에서는 우리 나라 최초의 정식 교육기관인 '태학'이 문을 열었어요. 태학은 **오늘날의 국립대학 같은 곳**으로 문학, 무예 등을 가르쳤습니다.
이곳에는 귀족의 자식들만 입학할 수 있었으며 **지방에는 '경당'**이라는 사립학교가 있었습니다.

데릴사위제 사6

신부 집에 사는 남자가 열심히 일을 하고 있어요. 고구려에는 '데릴사위제'라는 독특한 혼인제도가 있었어요. 이는 주로 **딸만 있는 집에서 사위 될 사람을 데려다 결혼**시킨 후 함께 사는 것을 말하지요. 신부 집에서 살던 남편은 자식을 낳고 그 아이가 다 자라면 자식과 부인을 데리고 자신의 집으로 돌아가 살았답니다.

진대법 바4

농민이 나라에서 꾸어 준 곡식을 짊어지고 기분 좋게 집으로 가고 있어요. 고구려에는 **가뭄**이나 **홍수**로 **생활이 어려워진 농민들을 위하여 곡식을 꾸어**주고 다음 수확기에 거두어들이는 '진대법'이라는 제도가 있어 농민들의 시름을 덜어주었습니다.

불교(절)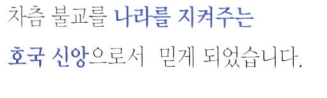

이때쯤부터는 평민에서 나랏일을 하는 높은 사람까지 불교를 믿기 시작했어요. 불교가 들어오기 전까지 삼국은 대부분 조상이나 자연신을 섬겼지요.
불교 전파 후 고구려, 백제, 신라 삼국은 차츰 불교를 **나라를 지켜주는 호국 신앙**으로서 믿게 되었습니다.

백제(봄)
660년경

부족국가 시대에 **부여와 고구려 계통의 이주민**들이 부족장이던 **온조**를 따라 한강 근처에 정착하여 세운 나라가 백제랍니다. 백제는 철기문화와 농경문화를 크게 발전시켰으며, 고구려와 싸워 땅을 넓히기도 했지요. 또한 **중국과의 교류**로 발달된 문화를 받아들이기도 하였답니다. 한편으로는 일본에 불교를 전해 주는 등 **일본문화 발전**에 많은 **도움**을 주기도 하였답니다.

백제(봄) 660년경

집(집짓기) 가1

백제사람이 일본인에게 기와를 만드는 법을 가르쳐 주고 있어요. 백제는 집을 짓는데 필요한 **기와**나 **벽돌**을 만드는 기술이 다른 나라보다 훨씬 **발달**했어요. 그래서 기와를 만드는 법 이 외에도 여러 기술들을 일본에까지 전해 주기도 했답니다.

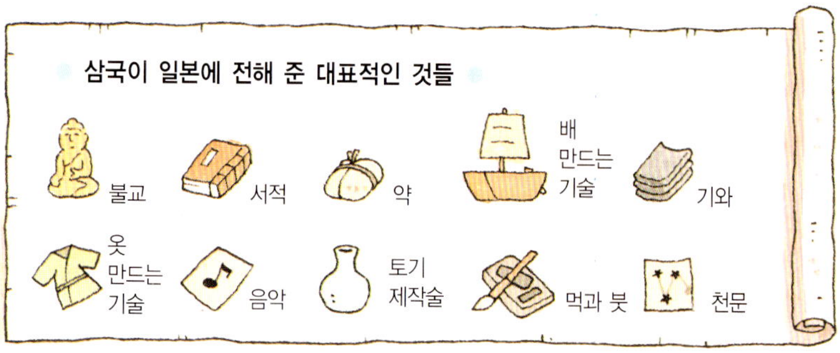

삼국이 일본에 전해 준 대표적인 것들

불교, 서적, 약, 배 만드는 기술, 기와, 옷 만드는 기술, 음악, 토기 제작술, 먹과 붓, 천문

"그다음 4등분으로 쪼개서 말려요."

"4등분으로 쪼개서…"

시장 나5

삼국시대에는 '시장' 이라는 곳이 생겨났어요. 이 때에도 화폐가 있기는 했지만 사용되지 않았고, 서로 물건을 맞바꾸는 **물물교환**으로 거래가 이루어졌어요. 또한 필요한 물건들을 집에서 직접 만들어 쓰는 **자급자족**을 하였습니다.

"이 생선과 보리로 거래합시다."

"그거 좋지요! 어디 봅시다."

법률 라5

어떤 사람이 쌀 한 섬을 훔친 죄로 재판을 받고 있네요. 이 곳 백제에서는 **물건을 훔쳤을 경우** 훔친 물건과 똑같은 것을 **2배로 배상**해 주어야 했어요. 또한 큰 죄를 지은 사람은 사형을 시켰고, 그 가족들은 노비가 되게 하였습니다.

"쌀 한 섬을 훔쳤으니 그 벌로 두 섬을 갚아주어라."

"예!"

"유~ 다행이다 고구려에서는 훔친물건의 12배로 배상하는데."

농사 바2

이 때는 **소의 힘을 이용해 밭을 가는 쟁기 농사**가 보편화되기 시작했어요. 겨울동안 굳어진 땅을 갈아 씨를 뿌리기 좋게 해주는 일을 소의 쟁기질이 대신하게 된 것이지요. 이는 농부의 일손을 도와 곡물의 **수확량을 크게 늘게** 해주었습니다.

저수지 아1

안타깝게도 가뭄으로 논농사를 망친 한 농부가 울고 있어요. **논농사에는 물이 가장 중요**하기 때문에 사람들은 가뭄에 대비해 **물을 저장**해 두었는데 이곳을 저수지라 합니다.

식사 아3

삼국시대에 와서도 **평민**들은 여전히 조, 수수, 콩 등의 **잡곡**이 **주식**이었어요. 밀과 보리도 이 때부터 많이 생산되기 시작했지요. 쌀은 아직 주로 귀족들이 즐겨먹는 곡식이었습니다.

수저와 젓가락 아3

삼국시대에는 **수저와 젓가락**의 쓰임이 **보편화**되었어요. 이 때에는 중국과 일본도 수저와 젓가락을 사용했다고 합니다. 하지만 지금은 우리 나라만이 수저와 젓가락을 동시에 사용하고 있어요.

김치 아4

김치는 겨울 동안에도 채소를 먹기 위해 **소금으로 절여 저장**해 놓은 것에서 시작되었어요. 나중에야 배추, 무, 가지 등의 채소도 절여 먹게 되었지요. 오늘날과 같은 빨간 고춧가루와 갖은 양념이 들어간 김치는 조선시대에 가서야 먹기 시작했답니다.

2. 삼국시대 63

신라(가을)
660년경

신라는 **박혁거세**가 지금의 경주 지방에 세운 나라예요. 산과 강, 바다로 막혀 있던 신라는 지리적 여건이 좋지 못해 삼국 중 가장 늦은 발전을 하였지요. 신라는 나라의 중요한 일을 정치인들이 만장일치로 결정하는 '**화백제도**'와 '**골품제도**', '**화랑제도**' 등으로 국력을 키워나갔습니다. 또한 고구려와 백제에 이어 불교문화도 받아 들였어요.

신라(가을) 660년경

화랑도 아6

신라에는 **소년들을 교육**시키는 화랑도라는 단체가 있었어요. 화랑은 **무예**와 **학문**을 배우며, **충성**, **효도**, **신의** 등을 강조하는 '**세속오계**'를 따랐어요. 이때는 엄격한 신분제도가 있었는데도 화랑 될 자격을 일반 평민에게까지 주어 화랑의 기본 취지인 나라 사랑과 국가에 대한 충성을 강조했답니다.

성 쌓기 가2

삼국간의 전쟁이 치열해 지면서 각국은 **국경**마다 **성곽**을 쌓았는데, 이 성 쌓기 공사에 많은 **농민들이 동원**되어야 했어요. 농민들은 농사철이 끝나면 국가적인 공사에 나가 노동을 했고, 전쟁이 나면 군인으로 동원되기도 했습니다.

태권도 바6

우리 나라 **고유의 무예**인 택견을 신라의 화랑들도 익혔답니다. 택견은 오늘날 태권도의 기틀이 되었고, 태권도는 오늘날 국제 공인 스포츠로 전세계에 보급되어, 올림픽 종목으로까지 채택되었어요.

대장간 다4

불에 달군 **쇠를 두드려 연장을 만드는** '**대장간**' 이에요. 대장간은 여러 가지 철 기구를 만드는 곳으로 **부엌칼**, **망치**, 농기구인 **호미**, **괭이**, **낫** 등 쇠를 이용한 것이라면 무엇이든 만들어 냈답니다.

골품제 마4

신라에는 '골품제'라는 독특하고도 엄격한 신분제도가 있었어요.
모두 여섯 등급인 6두품으로 나뉘어져 있었지요.
왕족 이외의 귀족은 6두품에서 4두품까지, 일반 평민은
3두품에서 1두품까지 였습니다.

차 마시기 아2

차 잎을 달여 마시는 차는 삼국시대부터 마셨다고 전해지고
있습니다. 차는 잠을 쫓고 정신을 맑게 한다 하여 승려나 화랑들이
즐겨 마셨지요. 이후 고려시대에는 일반 평민들까지도 즐겨
마셨다고 합니다. 사람들은 차를 기호식품과 약으로 마셨으며,
또한 차를 준비하고 달이는 즐거움과 멋을 즐기기도 했답니다.

집 아1

모양과 규모가 귀족과 평민에 따라 크게 달랐어요.
귀족들 간에도 신분에 따라 크기나 장식, 설비의
정도가 각각 다르게 지어 졌지요. 귀족 집 내부는
고구려, 백제, 신라 삼국 모두가 비슷했답니다.

추수감사제(추석) 가6

한 해의 농사를 마치고 수확을 하는 가을이 오면 신에게
감사하는 마음으로 추수 감사제를 지냈어요. 후에는 이것을
'추석' 또는 '한가위'라고 했지요. 이 날 남자들은 활쏘기를
하였고, 여자들은 편을 갈라 길쌈 내기를 했는데, 진 편은
풍성한 음식을 이긴 편에게 대접하며 춤과 노래로 즐겁게
해주었어요.

봉수대 나1

굴뚝같은 곳에서 연기가 피어오르고 있어요. 급하게 진할 내용을 연기신호로
보내 그 내용을 멀리서도 알 수 있도록 하는 '봉수'라는 통신수단이에요. 이것은
군사목적으로 사용되었는데 약속되어 있는 신호를 낮에는 연기로 밤에는 횃불로
보냈지요.

 잠깐 **쉬**어갈까요?

농사 달력 〈절기〉

입춘〈2월 4일경〉

봄의 시작점이에요.
농사가 시작되는 봄이 왔음을 말해요. 집 대문에는 '입춘대길'과 같은 좋은 글을 써 붙이고, 나쁜 귀신을 쫓아낸다는 콩을 뿌리기도 했어요.

우수〈2월 19일경〉

눈이 비로 바뀌고 얼음이 녹아요.
겨우내 얼었던 얼음이 녹고 기러기가 다시 추운 곳을 찾아 북쪽으로 날아가요. 모든 식물의 새싹이 틀 만큼 봄기운이 돌아요.

경칩〈3월 6일경〉

동물들이 겨울잠에서 깨어나요.
겨울잠에서 개구리가 깨어나기 시작해요. 논에 심어 놓았던 보리싹을 살펴보고 올해 농사가 잘될지 안될지를 점쳤어요.

대서〈7월 23일경〉

무더운 여름이에요.
여름 중 가장 덥고 햇볕이 뜨거울 때예요. 이때에도 비가 많이 내리기도 해요. 수박, 참외 등의 여름 과일은 이 시기에 딴 것이 가장 달고 맛있어요.

소서〈7월 7일경〉

점점 더워지고, 비가 많이 와요.
이때쯤부터 점점 더워지기 시작해요. 그리고 비가 많이 오는 장마철이기도 하지요. 농부들은 퇴비를 준비하고 논두렁에 자라난 잡초를 뽑았어요.

하지〈6월 21일경〉

낮의 길이가 가장 길 때예요.
낮이 가장 길고 밤이 가장 짧을 때예요. 이 시기에는 논에 쓰일 물을 준비하는 것이 제일 중요했어요. 그래서 이 때까지 비가 오지 않으면 마을에서는 비를 바라는 기우제를 지냈어요.

옛날에는 많은 사람들이 주로 농사를 지으며 살았어요. 이때는 날짜를 알 수 있는 달력이 없었지만 언제 씨를 뿌리고 언제 수확을 해야 하는지는 정확히 알았지요. 그것은 밤하늘의 달을 기준으로 해서 한 해를 24절기로 구분해 놓았기 때문이랍니다.

춘분〈3월 21일경〉

낮과 밤의 길이가 같아요.
낮 시간과 밤의 시간이 같은 날이에요. 이 날부터는 점점 낮의 길이가 길어지지요. 그리고 이때는 가끔 겨울 같은 꽃샘추위가 찾아옵니다.

청명〈4월 6일경〉

날씨가 너무 좋아요.
날씨가 너무 좋아 무엇을 해도 좋은 날이에요. 이때는 농사 준비를 하는데, 주로 논과 밭의 둑을 손질하지요.

곡우〈4월 20일경〉

농사를 시작해요.
농사가 본격적으로 시작됩니다. 이 무렵은 촉촉한 봄비가 내리고 농작물들이 새싹을 틔우죠. 나무에 수분이 가장 많을 때라 사람들은 통을 들고 나무 물을 받으러 산 속으로 들어갑니다.

망종〈6월 6일경〉

해야 할 일이 너무 많아요.
이때까지도 모내기를 해야 할 만큼 여전히 바쁜 농가가 많았어요. 그리고 보리도 베어야 했고, 여름에 닥칠지 모를 가뭄에도 대비하여 물을 준비해 두어야 했어요.

소만〈5월 21일경〉

모내기를 시작해요.
햇볕이 많고 농작물이 잘 자라 모든 것이 가득하다는 때입니다. 대부분 이 무렵 모내기가 시작되지요. 그래서 농민들에게는 이 때가 가장 바쁜 시기예요.

입하〈5월 5일경〉

이제, 여름이에요.
더운 여름이 시작되는 것을 말해요. 심어 놓은 농작물들이 자라나기 시작하고, 농부들은 잡초를 뽑는 등 일손이 바빠져요.

잠깐 쉬어갈까요?

입추 (8월 7일경)

가을이 오고 있어요.
가을로 접어들었음을 알리는 시기예요. 더위는 한풀 꺾여 문득 시원함을 느끼기도 하지요.
이 무렵에는 겨울에 먹을 김치를 준비하기 위해 김장용 배추를 심었어요.

처서 (8월 23일경)

여름이 끝났어요.
아침 저녁으로 시원한 바람이 불기 시작해요.
논에는 벼가 여물기 시작하죠.
이 무렵의 풀들은 더 자라지 않기 때문에 조상의 산소를 찾아 벌초를 해요.

백로 (9월 8일경)

아침에는 이슬이 맺혀요.
아침이면 풀잎에 맺힌 투명한 이슬방울을 볼 수 있어요.
낮에는 하늘이 높고 맑아서 김장에 쓸 빨간 고추를 햇볕에 말리지요.

대한 (1월 20일경)

조금은 덜 추워요.
마지막 절기인 대한이 가장 추울 때이긴 하지만 '소한에 얼었던 얼음이 대한에 녹는다' 라는 속담이 전해질 정도로 조금은 그 추위가 덜해요.

소한 (1월 5일경)

가장 추운 겨울이에요.
이때는 겨울 중 가장 추울 때예요.
남자들은 집 안에서 볏짚을 꼬아 새끼줄을 만들거나 여러 가지의 생활용품 등을 만들었고, 여자들은 베틀로 옷감을 짜는 일을 했어요.

동지 (12월 22일경)

밤이 길고 추워지기 시작해요.
일년 중 밤이 가장 긴 날로 찬바람이 불면서 점점 추워져요.
이 날에는 나이 만큼의 새알(찹쌀 덩어리)을 넣은 팥죽을 먹었고, 집 안 곳곳에 팥죽을 놓아 두어 나쁜귀신을 쫓았어요.

추분 (9월 23일경)

시원해지고 밤이 길어지기 시작해요.

낮이 짧아지면서 낮과 밤의 길이가 같은 시기예요. 낮에도 시원한 바람이 불 만큼 완연한 가을이에요. 논밭의 곡식을 거두어 들이기 시작하고 채소와 나물 등을 말려 두기도 해요.

한로 (10월 8일경)

추수를 시작해요.

찬 이슬이 내리기 시작해요. 농부들은 서둘러 벼와 콩, 수수 등을 수확하고 말려서 알곡을 떨어 내는 타작을 해요.

상강 (10월 23일경)

밤이면 서리가 내려요.

밤이 되면 하얀 서리가 내릴 정도로 추워져요. 이때쯤이면 농사일을 마무리하고 겨울살이 준비를 해요. 동물들은 겨울잠을 자기 시작해요.

대설 (12월 7일경)

많은 눈이 와요.

겨울 중 가장 많은 눈이 내리는 시기예요. 이 무렵에는 삶은 콩을 빚어 메주를 만들었어요. 방 안이나 처마에서 잘 마른 메주는 간장과 된장을 만들 수 있는 중요한 재료가 되지요.

소설 (11월 22일경)

첫눈이 내려요.

눈이 내리고 얼음이 얼기 시작해요. 짚단으로 만든 새 지붕을 바꾸어 얹어 주고, 말려 놓았던 장작도 패어 겨울 동안 쓸 땔감을 준비해요.

입동 (11월 7일경)

겨울의 문턱이에요.

겨울의 시작점이에요. 이 날을 기준으로 김장용 김치를 담갔어요. 그리고 겨울 동안 꺼내 먹을 수 있도록 무, 감자, 파 등도 얼지 않게 잘 저장해 두었어요.

통일신라

신라는 고구려와 백제를
멸망시키고 삼국을 통일했어요.
세 나라로 나뉘어져 살던
우리민족이 '통일신라'라는
하나의 국가로 단일민족 문화를
이룩하게 된 것이지요.
통일을 이룩한 신라는 여러 가지
제도를 고쳐서 국가의 기강을
바로잡았으며 중국, 일본 등과의
무역 활동도 활발히 했습니다.

통일신라 676년~936년

▶ 76~81쪽, 930년 경의 **통일신라(봄)**

통일신라(봄)

930년경

통일신라는 사회가 안정되고 경제가 발전하였습니다.
농업과 목축업, 금은 세공업, 도기 등의 **수공업**도 발달하였는데,
특히 **직물**, **인삼**, **수공예품** 등을 중국으로 수출하기도 했지요. 이처럼 산업이
발달하고 교역이 늘어나자 시장이 더욱 발달하게 되었어요.
한편, 이 때의 신라사람들은 **향가**라는 노래를 즐겨 불러
문화생활의 멋을 즐기기도 하였습니다.

통일신라 (봄) 930년경

향가 나4

사내아이들이 어깨동무를 하고 흥겹게 노래를 부르고 있네요. '향가'는 주로 **화랑**이나 **승려**들이 지어 불렀는데, 일반 백성들에게까지 전파되어 애창되었어요. 장안에 떠도는 향가를 모아 엮은 '삼대목'이란 책이 만들어지기도 하였습니다.

단오 마3

지금은 **5월**, 곡식이 잘 자라 **풍년**이 들게 해달라고 '수리'라는 '기풍제'를 지냈어요. 이것이 5월 5일의 '단오'가 되었지요. 여자들은 창포 삶은 물에 머리를 감고 널뛰기와 그네타기를 하였으며, 남자들은 씨름, 탈춤 같은 민속놀이를 하며 하루를 보냈습니다.

빨래 나6

아주머니와 여자아이들이 강가에서 방망이를 내리 치며 빨래를 하고 있어요. 빨래는 개울이나 강가에서 주로 하였는데, 여럿이 모여 앉아 빨래를 하면서 이야기도 나누었지요. 방망이로 두들기는 것은 순간충격을 주어 미세한 공기방울이 때를 밀어내게 하기 위한 것이랍니다.

장승 다4

좀 무섭게까지 보이는 2개의 큰 목각은 통나무로 만든 '장승'이라는 것이에요. 장승은 보통 남녀 한 쌍으로 **지역간의 경계표시**를 위해 마을 입구에 세웠어요. 또한, 사람들은 장승이 귀신이나 나쁜 질병으로부터 **마을을 보호해 주는 수호신**이라 믿었답니다.

고려시대

통일신라는 귀족들 간의 세력다툼으로 나라 살림이 어려워지게 되었어요. 그러자 불만을 가지고 있던 사람들이 반란을 일으켰습니다. 예전의 고구려와 백제를 잇겠다는 세력들로 한반도는 다시 세 나라로 나뉘어져 후삼국시대를 맞이하게 되었지요. 그 후 왕건이 세 나라를 통일시켜 고려라는 새로운 나라를 세우게 되었어요. 이로써 한반도는 다시 통일된 하나의 나라가 되었습니다.

고려시대 918년~1392년

▶ 84~89쪽, 1,360년 경의 **고려(여름)**

▶ 90~95쪽, 1,380년 경의 **고려(겨울)**

고려(여름)
1360년경

고려에서는 농업을 중요하게 생각하여 크게 장려하였어요.
어려운 농민을 돕기 위해 의창과 상평창 등의 기관을 두기도 하였지요.
그리고 이때는 장신구, 도자기, 종이, 직물 등의 수공업
또한 많은 발전을 했어요. 농업과 수공업이 발달하자
점차 상업도 크게 발달하기 시작했습니다.

4. 고려시대 87

고려(여름) 1360년경

산전 다6

우리 나라는 평지가 적기 때문에 논과 밭이 산에도 있었어요. 농민들에게 땅은 최고의 재산이기 때문에 **산비탈의 돌과 나무를 치우고** 논과 밭을 만들었지요. 고려에서는 산을 개간하여 농토를 만든 농민에게는 그 땅을 주거나 세금을 면제해 주기도 하였습니다.

소금 가2

이곳은 **바닷물을 이용해 소금을 만드는** 곳이에요. 이때의 소금 만드는 방법은 아직 원시적이어서 생산량이 적었어요. 그래서 소금은 아주 귀한 것이었지요. 소금은 짠 바닷물을 어느 정도 증발시켜 짠 맛의 농도를 짙게 한 뒤, 끓여서 만들었습니다.

교육 아6

이때의 교육기관으로는 '**국자감**'이라는 종합대학이 있었어요. 각 지방의 귀족과 좋은 가문의 청년들을 교육시키는 곳으로 주로 나라의 정치를 담당하는 **관리를 양성**하였답니다.

빨래 나4

아주머니가 빨래를 줄에 널어 말리고 있네요. 옛날에는 세제가 없어서 볏짚이나 콩깍지의 재를 물에 거른 '**잿물**'이라는 것을 이용했어요. 또 소변 썩힌 것을 이용해 옷감의 때를 빼기도 했는데 이것도 꽤 효과가 있었답니다.

간식 라3

인절미를 만들기 위해서는 찹쌀을 떡메로 여러 번 내리쳐야만 했어요. 익힌 찹쌀밥알을 반죽이 완전히 될 때까지 쳐야 쫄깃한 인절미가 되거든요. **떡**은 특별한 때만 먹는 음식이었지만 고려시대부터는 **자주 먹을 수 있는 간식(별식)**이 되었지요. 농업의 발전으로 떡의 주재료인 쌀의 공급이 많아졌기 때문이었습니다.

고려청자 바4

밝은 옥색과 아름다운 형태를 자랑하는 고려청자는 **고려를 대표하는 가장 뛰어난 미술품**이예요. 청자는 모든 사람들에게 인기가 좋아 장식뿐만 아니라 일반 그릇이나 기와 까지도 만들어 쓸 정도였답니다.

고려청자 만드는 법

메질(반죽)을 하여 흙속의 기포를 제거한다.

물레를 이용하여 도자기의 형태를 만든다.

표면을 다듬은 다음 그늘에서 말린다.

밑그림을 그린 다음 그곳을 조각하여 다시 한 번 건조시킨다.

가마에서 도자기를 700℃의 온도로 초벌구이를 한다.

유약을 입힌 뒤 건조시켜 마지막 손질을 한다.

도자기를 가마 속에 포개어 넣고 정성껏 고사를 지낸다.

소나무 장작으로 불을 지펴 1,300℃에서 3일간 재벌구이를 한다.

재벌구이가 끝나면 그 자리에서 식힌 후 도자기를 꺼낸다.

흠이 있는 도자기는 깨 버리고 완전한 도자기만을 골라낸다.

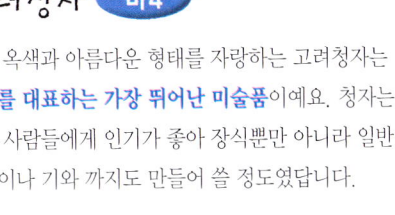

병원(보건소) 아3

이 시대에도 질병을 치료하는 **병원**이나 **보건소** 같은 **의료기관**이 있었어요. 그 중에 일반 백성들을 위해 세워진 '**동대비원**' 과 '**서대비원**' 이 있었습니다.

목화 마5

고려시대에는 중국에서 건너온 **목화를 재배**하기 시작하면서 의복생활에 큰 변화가 생겼어요. 이전에 평민들은 한겨울에도 삼베옷을 입고 다녀 추웠지만, 이제는 목화 솜으로 누비거나 그 솜으로 짠 따뜻한 무명옷을 입을 수 있었으니까요. 직물(옷감)을 짜는 길쌈작업은 이 시대 어머니들의 중요한 집안일이었습니다.

의창 아4

가뭄으로 농사를 망쳤던 한 농부가 의창에서 기쁜 마음으로 쌀을 얻어 왔어요. 의창이라는 곳은 풍년이 들었을 때 남는 **곡식을 저장**해 두었다가 흉년이 들어 농민이 배고플 때 **곡식을 빌려주는 일**을 하는 기관이랍니다.

고려(겨울)

1380년경

고려시대에는 국민 대부분이 **불교**를 믿었어요. 그래서 여러 가지 불교행사와 풍속이 많았어요. 또한 **목판인쇄술**이 발달하였고 세계 최초의 **금속활자**가 발명되기도 하였지요. 이 때에는 예술품도 크게 발달하여 독특한 색과 모양의 **고려청자**는 오늘날 세계적인 예술품으로 인정받고 있습니다.

고려 (겨울) 1380년경

김치저장 마6

옛날 사람들은 한 겨울에도 얼지 않은 김치를 먹기 위해 **땅 속에** 김칫독(항아리)을 **묻었어요.** 땅 속은 외부보다 온도가 높기 때문에 이곳에 저장해 두면 김치가 얼지 않아 겨울 내내 꺼내 먹을 수 있었지요.

등잔 사6

어두운 밤, 방안을 밝히기 위해서는 초(양초)나 등잔이 필요했어요. 초는 아주 귀해서 고위층들만 사용하였고, 보통사람들은 **기름을 태워 불을 밝히는 등잔**을 사용했어요. 등잔은 삼국시대 이전부터 쓰기 시작했는데, 연료인 기름은 생선기름이나 식물성 기름이 많이 쓰였습니다.

목판인쇄 가6

이때는 유교, 역사, 불교 경전 등의 책들이 많은 사람들에게 필요하게 되었어요. 그래서 목판인쇄술이 발달하게 되었습니다. **팔만대장경**이 바로 목판인쇄를 위한 것이지요. 그 후 고려는 세계최초로 금속활자를 발명하게 되었는데, 이때 만들어진 '**직지심체요절**'이라는 책은 현재까지도 남아 있어요. 이것은 세계에서 가장 오래된 금속 활자본 책이랍니다.

공동 우물가 다2

마을 한 곳에 자리잡고 있는 공동우물은 여러 사람들이 함께 쓰는 곳이었어요. 여인네들이 **물**을 받아 가거나 **쌀, 채소** 등을 **씻는 곳**으로 이용되었지요.

고려가요 마4

귀족인듯한 사람이 노래를 부르고 걸어 가고 있어요. 이 노래는 서민들이 즐겨 부르던 '고려가요', 또는 '속요' 입니다. 고려가요에는 부모님에 대한 사랑이나 남녀간의 사랑 등, 일반서민의 희,노,애,락에 관한 내용들이 담겨져 있었는데, 점잖은 귀족들도 불렀다는군요.

무당 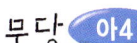아4

어느 집 마당에서 무당굿이 벌어지고 있어요. 옛날 사람들은 집안에 **좋지 않은 일**이 생기거나 마을에 **질병**, **가뭄** 등이 계속되면 무당굿을 했어요. 곤경에 빠진 사람들의 바램을 신령과 통하는 **무당이 해결해 준다**고 믿었기 때문이지요.

화장실 다6

옛날 화장실은 지금과 같은 수세식이 아니었기 때문에 늘 **냄새**가 났어요. 또한 볼일을 끝내고 쓰던 화장지로는 볏짚으로 엮은 새끼줄이나 풀잎, 나뭇잎 등이 있었지요. 하지만 이 때의 사람들은 그 불편함을 모르고 살았대요. 변에는 재나 볏짚을 뿌려서 냄새를 덜 나게 했고, 나중에는 이 것이 질 좋은 **비료**가 되어 **농사**에 유용하게 쓰였습니다.

유가행렬 나4

관복을 잘 차려입은 젊은 남자가 말을 타고 가며 긴 행렬을 이루고 있어요. **과거**에 합격한 사람이 고향으로 **부모**와 **친척**들을 찾아뵈러 가는 '유가행렬'이라는 풍습이에요. 과거제도는 고려시대를 기점으로 시행되었는데, 이 시험은 무척 어려워 합격하기가 쉽지 않았다고 해요. 하지만 합격한 사람에게는 나라의 큰 일이 주어졌고, 그 사람 고향의 커다란 자랑이기도 했습니다.

화장 사6

아낙네가 청동거울을 보며 곱게 화장을 하고 있어요. 여성의 화장은 **삼국시대 이전**부터 시작되었어요. 화장품의 종류는 다양하지 못했지만, 얼굴에 **백분**을 바르고 **입술과 눈 화장**을 했으며 **머릿기름**을 바르기도 했지요. 화장품은 이때의 귀족 여성들에게 많은 사랑을 받았답니다.

대보름 바2 아1

음력 정월 보름. 1월15일을 '대보름'이라 해요. 이날은 보름달을 보며 **풍년**과 **집안의 행복**을 빌고 오곡밥과 호두, 땅콩, 밤 등을 먹었어요. 연날리기, 팽이치기, 쥐불놓기, 다리밟기 등의 놀이를 하기도 했지요. 절에서는 '연등회'라는 불교행사를 하였습니다.

조선시대

고려말에는 정치적으로 부패하여
나라가 무척 어려웠어요.
이때 이성계가 새로운 나라
조선을 세웠습니다.
조선은 유교를 중요시하여 왕권을
확립하고 외교정책과 농업장려로
국민생활 안정에 힘썼어요.
조선은 제 27대 순종까지
500여 년 동안 이어졌습니다.

조선시대 1392년~1897년

▶ 98~103쪽, 1,550년 경의 **조선(가을)**

▶ 104~109쪽, 1,650년 경의 **조선(봄)**

▶ 110~115쪽, 1,730년 경의 **조선(겨울)**

▶ 116~123쪽, 1,820년 경의 **조선(봄)**

조선(가을)
1550년경

조선시대는 불교 중심의 사회였던 고려시대와는 달리
유교 중심의 양반사회였어요.
신분의 구별이 명확해서 신분에 따라 사회적 대우와 일상생활이
달랐지요. 조선시대에는 학문, 과학, 음악, 공예 등
문화적으로도 많은 발전이 있었습니다.

조선(가을) 1550년경

부적 사3

옛날 사람들 중에는 부적이라는 것을 가까이 두면 귀신이나 질병, 상해 등 모든 나쁜 것들로부터 보호되고 복을 가져다준다고 믿는 사람들이 있었어요. 부적은 종이 위에 특유한 글씨 같은 것을 그려 넣은 것으로 무당이 만들어 주었답니다.

연자방아(연자매) 라1

소가 돌을 굴리며 제자리를 빙글빙글 돌고 있는 이것은 '연자방아'라는 농기구랍니다. 연자방아는 쌀과 보리 같은 곡식의 껍질을 벗기거나 가루를 낼 때 이용했어요.

통가리 라4

이것은 감자나 옥수수 등을 보관해 두는 '통가리'라는 저장 통이에요. 쥐와 날짐승들로부터 곡식을 보호하고 썩지 않게 오래 보관하기 위해서 사용했지요. 통가리는 대나무를 엮어서 안 쪽에 진흙을 바르고 지붕은 짚을 엮어 얹어 만들었어요.

성황당 마1

이곳은 마을의 수호신을 모시는 '성황당' 또는 '서낭당'이라는 곳이에요.
그리고 무당이 마을의 평안과 풍년을 비는 제사를 지내거나 개인의 소원을 비는 신성한 곳이기도 하지요.

한글 마3

조선 초기까지만 해도 우리의 글이 없이 중국의 문자인 한자를 쓰고 있었어요. 그래서 세종대왕이 보다 쉬운 우리만의 글인 한글을 만들게 되었지요. 한글은 오늘날에도 세계적으로 우수성을 인정받는 훌륭한 글이랍니다.

길쌈 나4

한 아주머니가 '베틀'로 길쌈을 하고 있어요. 길쌈은 삼베, 명주, 무명, 모시 등의 옷감을 짜내는 것을 말하지요. 이렇게 짜 낸 옷감은 무엇과도 바꿀 수 있는 집안의 소중한 재산이 되었어요. 그래서 틈틈이 길쌈일도 빼놓지 않았답니다.

타작 가6

농부들이 열심히 볏단을 내리치고 있어요. 벼의 알곡을 털어 내는 '타작' 이라는 작업이에요. 타작을 마친 알곡을 잘 말린 후, 방아로 껍질을 벗겨 내면 쌀이 된답니다.

신분제도 바4

조선시대에는 양반중심의 신분제도가 형성되었어요. 귀족층인 양반이 있었고 중인은 전문적인 일을 하는 사람들이었어요. 그 밑에는 농민, 상인, 제조업자 등의 상민(평민층)과 노비, 백정 등의 천민이 있었어요.

시계 아5

한 관리가 유심히 들여다 보고 있는 것은 세종대왕 때 만든 '앙부일구' 라는 해시계랍니다. 둥근 면 한 가운데의 바늘 끝이 그림자를 만들어 시간을 가리켰지요. 그러나 해시계는 비가 올 때나 저녁 때는 시간을 알 수 없었어요. 그래서 물이 일정하게 흐르는 것을 이용하여 '자격루' 라는 물시계를 발명해 내기도 했습니다.

상투머리 사2

조선시대 어른남자의 머리모양은 머리카락을 머리 위로 틀어 올려 묶은 '상투머리' 였어요. 어른으로 인정하는 나이가 되거나 결혼을 한 남자는 상투를 틀었고 여자는 혼례식을 하는 날 '쪽진머리' 를 해서 성인이 됨을 표시했습니다.

추석 가1

조선시대에는 우리 나라 최고의 명절 추석을 보내는 모습이 조금 바뀌었어요. 추석날 아침에 차례를 지낸 다음 조상님의 묘를 찾아 성묘를 했어요. 남자들은 줄다리기와 씨름, 소싸움을 하였고, 밤이 되면 여자들은 마을 공터에 모여 달맞이를 하거나 강강술래를 즐겼습니다.

다듬이질 마6

담 너머로 들리는 "뚝딱, 뚝딱" 소리는 천을 다듬이질 하는 소리예요. 다듬이질은 세탁을 끝내 이불보에 풀을 먹여 살짝 말린 후 다듬잇돌 위에 올려놓고 방망이로 두들기는 것을 말해요. 이렇게 하면 천이 반듯하게 펴지면서 매끄럽게 윤이 났답니다.

조선(봄)

1650년경

우리 나라는 삼면이 바다이기 때문에 고기잡이에 좋은 지역조건을 가지고 있어요. 그래서 바닷가에서는 어업활동이 활발했지요. 큰배를 타고 나가 고기를 잡기도 하고 낚시를 이용하기도 했지요. 이렇게 잡은 생선은 전국 각지로 유통되어 많은 사람들의 식탁에 올랐답니다.

조선(봄) 1650년경

그물배 다1

바다에서는 고기를 잡을 때는 주로 그물을 이용했어요. 그물은 고기를 잡는 방법에 따라 모양이 다양했어요. 바다 한 가운데서 고기를 잡는 배는 길고 큰 그물을 이용하여 많은 고기를 한꺼번에 잡을 수 있었지요. 또한 밀물과 썰물의 흐름에 따라 고깔 모양의 그물을 이용해 잡기도 했습니다.

망선 그물로 고기잡기 — 고기떼를 그물로 둘러싸아 잡는다

물의 흐름

중선 그물로 고기잡기 — 조류(바닷물의 흐름)를 이용해 고기떼를 그물로 가두어 잡는다

조개잡이 아2

바닷물이 빠져나간 개펄에서 아주머니들이 조개잡이를 하고 있어요. 남해와 서해안은 대부분 개펄로 이루어져 조개와 게, 낙지 등이 풍부합니다. 조개잡이는 어민들에게 고기잡이 못지 않은 중요한 일이었지요.

먼저 갈게요, 많이 잡으세요.

그물손질 사4

어부들이 그물을 손질하고 있는 모습이에요. 물고기를 잡는 그물을 썩지 않게 오래 쓰려면, 가끔 삶아 주거나 햇볕에 말려 놓아야 했어요. 찢어진 부분을 정성껏 다시 엮어주는 작업도 빼놓지 않았답니다.

이 때는 냉동보관 수단이 없어서요.

형님, 밥 먹고 하죠.

생선 다듬기 나4

아주머니들이 모여 생선을 종류별로 나누어 다듬고 있어요. 생선의 종류에 따라 내장을 빼내거나 소금을 뿌려 놓는 가공작업을 하고 있는 것이에요. 겨울이 아니면 쉽게 상하기 때문에 이처럼 가공을 해야 했답니다.

줄낚시 배 바1

바다에서 그물 외에 쓰이는 고기잡이 방법은 줄낚시가 있었어요. 이 방법은 한 두 사람도 조업을 할 수 있어서 시간과 힘이 덜 들었지만, 많은 양의 물고기는 잡지 못 했어요. 줄낚시 방법은 1~3가닥 정도의 줄에 낚싯줄을 일정한 간격으로 매달아 미끼를 달아 하는 것입니다.

많이 많이 물어라~

어시장 가5

바다에서 방금 잡아 온 **물고기**를 한자리에 모아 놓은 이곳은 상인들이 흥정을 하며 **사고 파는** '어시장'이에요. 여기서 팔린 생선은 가공을 한 다음, 배에 실어서 전국 각지로 보내졌답니다.

배수리 바3

어부들은 **물고기를 잡지 않을 때면 배를 수리**했어요. 이 때의 배는 나무 널빤지를 이어 만들어서 오래되면 틈새로 바닷물이 스며들기도 해서 어부들은 보수를 게을리 하지 않았답니다.

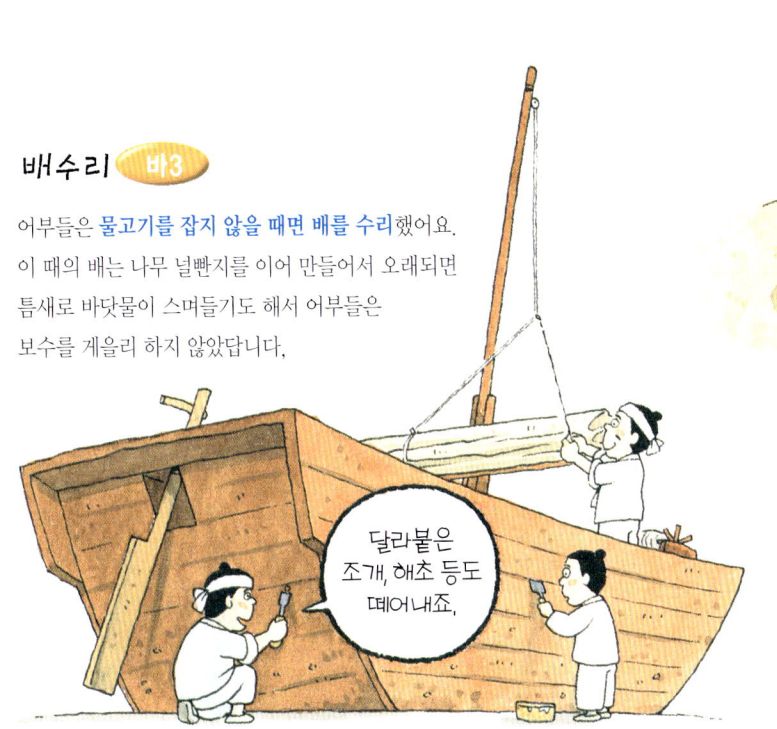

젓갈 담그기 라4

가공을 하면서 나온 **생선의 내장이나 알** 등은 버리지 않고 모아 두었다가 **소금에 절여** 젓갈로 만들어 먹었답니다. 특히 명태알을 절인 명란젓은 오늘날까지도 귀한 대접을 받고 있답니다.

조기 말리기 아5

'조기'라는 생선을 통째로 소금에 절여 햇볕에 말린 것을 '굴비'라 합니다. 맛있는 굴비는 옛날이나 지금이나 고급식품으로 인정받는 생선의 왕이라 할 수 있습니다.

풍어제 라6

어부가 자신의 배에서 제사를 지내고 있어요. 이곳 바닷가에 사는 사람들은 바다를 다스리는 용왕 신이 있다고 믿었어요. 그래서 험한 바다에서 일을 하는 **어부들의 안전과 물고기가 많이 잡히기를 염원**하는 '풍어제'를 지내기도 했습니다.

조선(겨울)
1730년경

조선시대 교육의 목적은 많은 관리를 배출하는데 있었습니다.
조선초기에는 중인에게 교육의 기회를 주기도 했고, 많은 학교를 세우기도 했으며
과거제도가 정착되어 양반에서부터 농민, 중인까지 응시할 수
있었어요. 또한 **유교사상이 가정에까지 영향**을 주어 가장의 권한이
절대적이었지요. 특히, 여자는 부모의 뜻에 무조건 따라야 했고
결혼 후에는 남편에게 순종해야 했어요.

112 아하! 그땐 이렇게 살았군요

5. 조선시대 113

조선(겨울) 1730년경

집안생활 가1

일반 농민들은 겨울에는 바깥일을 거의 하지 않았어요. 남자들은 집안에서 **새끼줄**이나 **멍석, 자리, 짚신** 등의 생활용품을 만들었고, 여자들은 베틀로 **옷감 짜는 일**을 했어요. 방안에는 숯을 넣은 화로를 놓아 보온을 하고 감자나 고구마, 밤 등을 구워 먹기도 했답니다.

담배 다6

두 양반이 서로 담뱃대를 뽐내면서 담배를 피우고 있어요. 담배는 **1616년**에 우리 나라에 **들어와** 크게 **유행**하기 시작했어요. 담뱃대의 길이가 신분을 나타내기도 해서 양반들은 금, 은으로 장식된 긴 담뱃대를 선호하였답니다.

혼례 다3

이때에는 집안 어른들이 맺어준 사람끼리만 결혼할 수 있었는데, **남자는 15세 여자는 12세**가 되면 결혼할 수 있었어요. 서로 얼굴도 모른채 시집, 장가를 가는 것이 대부분이었지요. 결혼식은 보통 신부집 마당에서 하고 첫날밤은 신부집에서 보냈답니다. 그리고 다음날 신랑과 신부는 말과 가마에 나눠 타고 신랑집으로 들어간답니다.

식생활 예절 마6

조선시대 양반층에서는 나이가 일곱 살이 되면 남자와 여자가 같이 앉지도 못했어요. **'남녀 칠세 부동석'**이라는 말이 이를 뜻하는 말이지요. 가족이 식사를 할 때도 남녀가 따로 하였고, 집안의 제일 웃어른은 독상을 차려 혼자 식사를 하였답니다.

장작패기 나1

겨울에 방을 따뜻하게 하기 위해서는 아궁이에 불을 지펴야 했고 그래서 미리 많은 양의 **땔감**을 준비해 두어야 했지요. 장작은 산에서 나무를 베어다가 도끼로 잘라 말려 놓은 것을 말하는데 필요에 따라 적당히 쪼개 사용했습니다.

사냥 라1

눈이 많이 내리면 할 일이 없던 농민들은 **'설피'**라는 바닥이 넓은 신을 신고 **산 속**으로 들어가 들짐승을 잡기도 했어요. 이렇게 사냥으로 잡은 토끼, 노루, 꿩, 멧돼지는 농민들의 겨울철 특별식이 되었답니다.

아이들 놀이 사3

옛날 아이들의 놀이로는 **제기차기**와 **자치기**, **팽이돌리기** 등이 있었어요. 특히 제기차기는 남자아이부터 청년층까지 즐겨 했던 놀이였지요. 여자아이들은 **공기놀이** 등을 주로 하며 놀았답니다.

지게 마2

어떤 사람이 지게에 짐을 잔뜩 짊어지고 좁은 다리를 건너고 있네요. 지게는 길이 좁은 산길이나 언덕길에서도 적은 힘으로 많은 양의 짐을 옮길 수 있는 **과학적**이고 **편리한** 전통 운반도구입니다.

서당 사1

"하늘 천, 땅 지, 검을 현..." 천자문 읽는 소리가 흘러나오는 이곳은 글공부를 하는 서당이에요. 이곳에서는 주로 **천자문**과 **한문**을 가르쳤어요. 서당에는 훈장선생님이 있었고, 양반과 평민층의 어린아이들이 공부했답니다.

향교 가4

이곳은 '향교'라는 곳이에요. 서울에서는 '사학'이라고 불렸지요. 향교나 사학의 교육을 마치면, 지금의 대학교라 할 수 있는 '성균관'에 입학할 수 있었어요. 그러나 조선시대 최고의 교육기관인 성균관에 입학하려면 일정한 시험에 합격해야만 했습니다.

관가 아5

포졸이 매를 때리는 이곳은 '관가'라는 지방행정기관이에요. 사또(원님)가 **법원, 구청, 동사무소, 세무서** 등의 종합적인 일을 지휘 감독하는 곳이지요. 죄를 지은 사람은 이곳에서 재판을 받고, 감옥살이를 하거나 벌을 받기도 했어요.

호패 바4

오늘날의 경찰인 포졸들이 어떤 남자를 검문하고자 호패를 내 보이도록 하고 있어요. '호패'란 **조선시대의 신분증**인데, 신분에 따라 호패에 적힌 내용이 달랐어요. 벼슬이 높은 사람은 관직, 성명, 주소 정도만 썼고, 일반 평민 밑으로는 나이와 얼굴색, 수염이 있는지 없는지, 키가 얼마인지 등 자세한 사항을 적었습니다.

조선(봄)
1820년경

조선 후기에는 농업에 이어 **상공업**도 크게 발달하였습니다. **'육의전'**이라는 독점 판매상과 **'난전'**이라는 시장이 곳곳에 생겼고 전문 생활용품 상점과 행상인들도 늘어나게 되었지요. 또한 중국, 일본과의 교류가 빈번해지면서 **외국 무역활동**도 활발했어요. 이처럼 산업의 발전과 활발한 교역으로 **화폐의 사용**도 자리를 잡게 되었습니다.

조선(봄) 1820년경 ❶

시장 〔119쪽 전체〕

시골 장터에서 한 아저씨가 염소를 팔고 있네요. 장은 보통 **5일에 한 번씩** 열렸어요. 장날, 사람들은 집에서 **만든 물건**이나 **채소, 곡물, 가축**을 **팔거나 서로 맞바꿨어**요. 또한 장터 주변에는 가구공방, 가마솥과 그릇 파는 곳, 약재상, 싸전 등의 **전문상점**이 생겨 장이 서지 않아도 늘 장사를 하였답니다.

싸전 〔마5〕

쌀, 보리, 콩 등의 곡물만을 파는 '싸전'이에요. 곡물은 단위에 맞춰 필요한 만큼씩 팔았는데, 그 단위는 보통 **되, 말, 섬** 등었습니다.

만물상 〔바4〕

여기는 '만물상'이라는 곳이에요. 한 종류만을 파는 다른 전문점과는 달리 가정에서 쓰는 **잡다한 생활용품** 들을 파는 곳이지요.

대장간 〔아1〕

네 사람이 들고 있는 것들은 모두 '대장간'이라는 곳에서 철로 만들어진 것들이에요. 대장간에서는 불에 달군 쇠를 망치로 두들겨 **호미, 괭이, 낫** 등의 농기구와 **도끼, 부엌칼, 가위** 등의 철제 생활용품을 직접 만들어 팔았어요.

공방 바2

이곳은 '소목공방'이라고 하는 지금의 **목공소**를 겸한 **가구점** 같은 곳이에요. 톱과 대패로 나무를 자르고 다듬어서 가구나 밥상 등의 생활 목공예품들을 만들어 파는 곳입니다.

보부상 라4

보따리나 지게에 물건을 산더미처럼 싣고, 시장이나 마을 구석구석을 **돌아다니면서 파는** '보부상'이라는 행상인이에요. 보부상이 주로 팔던 물건은 **항아리, 소금, 짚신, 종이, 바구니** 등 집에서 쓰이는 물건들이었습니다.

육의전 ✗

비단, 명주, 무명, 모시, 종이, 생선만을 파는 **전문 상점**이에요. 서울에만 있던 이 상점은 **6가지**만 판다하여 '육의전'이라 했지요. 나라에서는 이들에게 특정 판매 권한을 주어, 이곳 외에서 이 물건들을 사고 파는 것을 법으로 금지했습니다.

주막 아6

해가 질 무렵, 아저씨 둘이 평상에 마주 앉아 막걸리를 마시며 즐겁게 이야기를 나누고 있어요. '주막'이라 불리는 이곳은 주로 동네 남자들이 모여 술을 마시며 **이야기를** 나누거나 행상인과 나그네가 **하룻밤 묵고** 가는 곳이지요.

조선 (봄) 1820년경 ❷

남사당 바6
각종 **전통놀이**를 하며 이곳 저곳을 떠돌아다니는 '남사당'이라는 사람들이에요. 이들은 **농악, 탈춤, 줄타기, 꼭두각시 인형극** 등의 여러 가지 놀음판을 벌였어요. 남사당은 구경하는 사람들에게서 받은 약간의 관람료로 살아갔답니다.

물레방아 나1
이것은 물레방아예요. **곡식을 찧기 위해 만들어진 농기구**지요. 물이 떨어지는 힘으로 바퀴가 돌아서 방아가 아래 위로 땅을 치며 움직이게 되어 있어요. 방아 밑 구덩이에 적당량의 곡식을 넣으면 곡식의 껍질이 벗겨지는 편리한 도구예요.

보리타작 다2
늦봄인 이때, 잘 말려 두었던 보릿단을 모아 놓고, 농민들이 '**도리깨**'라는 도구로 내리쳐 **알곡**을 **떨어**내는 보리타작을 하고 있어요. 보리는 모든 곡식을 추수 할 시기인 가을에 씨를 뿌린 후 이듬해인 봄에 수확하는 곡물이에요.

농사 라1
해마다 **5월**쯤이면 논에서는 모내기가 한창이었어요. **모내기**란 벼의 어린 싹인 **모를 논에 옮겨 심는 것**을 말하지요. 이 일은 여러 사람이 함께 돕는 품앗이로 했답니다.

무자위(수차) 마1

농부가 물레방아처럼 생긴 것 위에 올라서서, 제자리걸음을 하고 있어요. 이것은 '무자위' 또는 '수차' 라는 것인데, 사람이 발로 돌려서 **물을 위의 논으로 끌어올리는 농기구**지요.

나루 나4

선비가 손으로 가리키는 곳이 각 지방을 드나드는 짐배들과 강을 건너기 위한 나룻배들이 이용하는 나루예요. 이때는 강이 교통의 커다란 장애물이었어요. 그래서 **배를 이용해 강을 건너는** 이곳 나루터는 아주 중요한 교통요지였지요.

나룻배 가5

사람들과 가축 등을 태우고 **강을 건널 수 있는 나룻배**예요. 강 건너 나루터를 왕복하는 나룻배는 많은 인원이 쉽게 타고 내릴 수 있도록 바닥이 평평하고 높이가 낮았어요. **가까운 거리**를 오갔기 때문에 바람을 이용한 돛 대신 '**사공**' 이라는 배 운전수가 직접 **노**를 저어 운행하였지요.

짐배 다6

짐을 전문적으로 나르는 짐꾼들이 목적지까지 어떻게 운반할 것인가를 놓고 의논을 하고 있어요. 상업이 발달하면서 많은 양의 물건들이 전국적으로 유통 운반되었지요. 짐을 옮길 때 양이 적으면 사람이 직접 메고 가거나 소가 끄는 수레를 이용했지만 **많은 양을 먼 곳**으로 옮겨야 할 때는 짐배에 실어 **강**이나 **바다**를 통해 운반했습니다. 참고로 **짐배들이 물건을 싣는 곳**을 '**포구**' 라 부른답니다.

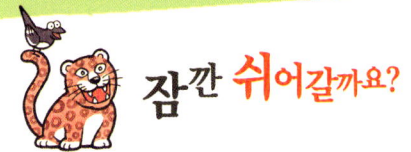 잠깐 쉬어갈까요?

가장 즐거운 날 (명절)

설날 (음력 1월 1일)

차례를 지내고 세배를 드려요.

새해 첫 날에는 가족과 일가 친척이 모두 모여 조상에게 차례를 지내요. 또한 조상의 묘를 찾아 성묘를 하는 것도 잊지 않죠. 그리고 웃어른께 세배도 드려요. 이 날은 하얀 떡국을 먹고, 윷놀이와 널뛰기, 연날리기 등의 즐거운 놀이를 했습니다.

대보름 (음력 1월 15일)

밤에 달맞이를 나가요.

대보름은 새해 들어 처음 보름달이 뜨는 날이에요. 이 날에는 건강을 바라는 의미로 껍질이 단단한 호두, 땅콩, 잣 등을 먹었는데 이것을 '부럼'이라 했어요. 그리고 오곡밥과 여러 가지 나물도 먹었어요. 이 날은 불놀이와 달맞이 놀이를 하며 소원을 빌었습니다.

한식 (양력 4월 5일)

조상의 무덤을 손질해요.

한식날에는 과일, 술, 강정, 어포 등의 음식으로 차례를 지내고, 조상의 무덤에 난 잡초를 뽑거나 손질을 했어요. 특히 이 날은 불을 지피지 않고 찬밥을 먹는 풍습이 전해 내려오고 있습니다.

초파일 (음력 4월 8일)

평화와 행복을 빌어요.

초파일은 부처님이 태어나신 날을 기념하는 날이에요. 이 날에는 느티떡과 콩볶음을 해 먹었고, 밤이 되면 촛불을 넣은 연꽃 모양의 많은 연등을 매단 절을 찾았어요. 그리고 탑 주위를 돌면서 각자의 소원과 가정의 행복을 빌었답니다.

옛날부터 우리 나라에는 농사일이 잘 되도록 기원하고, 추수를 감사하는 '명절'이 있었어요. 설날과 단오, 추석 등이 그 대표적인 명절이에요. 명절에는 맛있는 음식을 만들어 조상에게 차례를 지내고, 마을 사람과 함께 민속놀이를 하는 등 하루를 즐겁게 보냈습니다.

단오(음력 5월 5일)

창포로 머리를 감아요.

단옷날 여자들은 창포 삶은 물에 머리를 감으면 머리결이 좋아진다고 믿었어요. 그리고 이 날에는 그네뛰기와 널뛰기도 했어요. 남자들은 씨름과 신명나는 탈춤 등을 즐겼지요. 단오에 해 먹는 음식으로는 쑥을 넣어 만든 수레바퀴 모양의 떡과 차륜병, 제호탕 등이 있습니다.

백중(음력 7월 15일)

농민들이 하루 쉬는 날이에요.

백중은 봄과 여름 내내 농사일로 바빴던 농민들이 맛있는 음식을 해 먹으며 하루를 마음껏 쉬는 날이에요. 이 날에는 꽹과리와 징, 장구 등을 치며 흥겹게 농악놀이를 하기도 했답니다.

추석(음력 8월 15일)

햇곡식으로 차례를 지내요.

추석은 한가위 또는 중추절이라고도 해요. 추수 후에 맞는 명절로 집집마다 곡식이 풍성했지요. 이 날 아침에는 새 옷을 갈아입고 햇곡식과 송편으로 정성껏 차례를 지냈어요. 차례 후 조상의 산소를 찾아 성묘를 드리고 밤이 되면 둥근 보름달을 보며 강강술래 등의 놀이를 즐겼답니다.

도표로 보는 '우리 대표 명절과 절식'

명절	날짜	음식
설	음력 1월 1일	떡국, 만두
대보름	음력 1월 15일	오곡밥, 나물, 귀밝이술, 부럼(호두, 땅콩, 잣, 밤)
삼짇날	음력 3월 3일	두견주, 화전
초파일	음력 4월 8일	느티떡, 콩볶음
단오	음력 5월 5일	수리취떡, 차륜병, 제호탕
유두	양력 6월 6일	건단, 밀전병, 상화떡
삼복	7월~8월	개장국, 삼계탕
추석	음력 8월 15일	송편, 토란탕, 신도주
중양절	음력 9월 9일	화채, 국화전, 국화주
동지	양력 12월 22일	팥죽

잠깐 쉬어갈까요?

우리만의 아름다운 풍습 〈민속 의례〉

온순하고 정이 많은 우리민족은 가족과 이웃을 소중히 여겼어요. 특히, 좋은 일과 나쁜 일을 가리지 않고 서로에게 관심을 갖는 마음을 가졌지요. 그래서 사람들은 아기가 태어나 노인이 되어 죽을 때까지 여러 가지 의례를 만들어 감사와 복을 빌어 주었습니다.

아기가 태어나면 '금줄'을

아기가 태어나면 대문에 금줄을 걸었어요.
금줄은 새끼줄에 숯과 고추, 솔잎 등을 꽂은 것을 말하는데 이것은 아기가 태어났음을 알리고, 부정한 사람과 나쁜 귀신의 출입을 막기 위함이에요.

아기가 태어난 후 100일이 되면 '백일'

옛날에는 아기가 태어나서 얼마 안 되어 병으로 죽는 경우가 많았어요. 그래서 아기가 태어난 지 100일이 되면 고비를 넘긴 것으로 여기고 친척과 이웃들이 모여 백일 축하잔치를 벌였어요.

첫 생일 '돌'

태어나서 첫번째 맞는 생일을 돌이라고 해요.
이 날도 모두가 모여 돌잔치를 벌이지요.
돌상 위에 쌀, 돈, 책, 화살 등을 놓고 아이에게 잡게 해요.
이 때 아이가 쌀이나 돈을 잡으면 부자가 되고 책을 잡으면 학자, 화살을 잡으면 장군이 된다고 믿었어요.

어른이 되는 '관례'와 '계례'

남자 나이 15세가 넘으면 관례라 하여 머리에 상투를 틀어 갓을 썼어요. 여자는 쪽진머리를 하고 비녀를 꽂는 계례를 치렀지요. 이 행사는 어른으로 인정받는 오늘날의 성인식 같은 것이에요.

같이 살기로 약속하는 '혼례'

신랑과 신부의 만남은 두 집안 어른들에 의해서만 이루어졌어요. 혼례식은 신부의 집에서 치렀으며, 첫날은 이 곳에서 하루를 보냈어요. 다음날 신랑과 신부는 말과 가마에 나눠 타고 신랑집으로 들어가 살았어요.

건강과 장수를 축하하는 '환갑(회갑)'

환갑은 61세가 되는 생일을 말해요. 옛날에는 오래 사는 사람이 많지 않았어요. 그래서 60세가 넘으면 큰복을 받은 사람으로 여겨 환갑 축하잔치를 벌이고 더욱 더 건강하게 오래 사시기를 빌어 드렸어요.

죽어서도 잊지 않는 '장례'와 '제례'

장례는 죽은 사람을 땅에 묻기 전까지 하는 행사예요. 명복을 빌고 그 가족을 위로하기 위해 치러졌지요. 제례는 조상이 돌아가신 날을 잊지 않고 그 날에 제사를 지내는 것을 말해요.

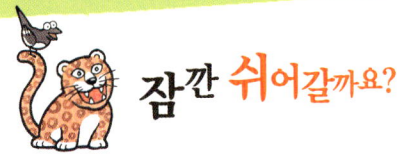

잠깐 쉬어갈까요?

함께 모여 즐기는 〈민속놀이〉

민속놀이는 먼 옛날부터 전해 내려온 전통놀이를 말해요. 명절 때 주로 즐겼던 이 놀이는 이웃 간의 정을 더욱 두텁게 해주었지요. 또한 힘든 농사일을 했던 대부분의 옛날사람들에게는 커다란 즐거움과 힘이 되어 주었답니다.

고싸움

고싸움은 주로 대보름날에 즐겨하던 놀이예요. 짚단과 새끼줄로 엮어 만든 둥근 모양의 '고'를 서로 맞부딪쳐 싸워 승부를 가리는 놀이인데, 많은 사람들의 협동심이 필요했어요. 싸움 방법은 고를 적당히 들었다 놓았다 하면서 상대의 고를 내리 눌러 땅에 닿게 하면 이기는 것이에요.

줄다리기

줄다리기는 여럿이 모여 힘으로 승부를 가리는 단체놀이예요. 편을 둘로 가른 다음 긴 줄을 이용하여 서로 잡아당기는 방법으로 어느 한 편으로 끌려가는 쪽이 지게 되지요.

씨름

씨름은 상대를 넘어뜨려야 이기는 경기예요. 서로 샅바를 붙잡고 힘과 기술을 겨루는 놀이로 모래 위에서 벌이는 순수한 우리민족의 경기이기도 해요.

연날리기

바람을 이용해 하늘 높이, 멀리 띄우는 연날리기는 아이에서 어른까지도 즐기는 놀이예요. 연의 종류로는 방패연과 가오리(꼬리)연 등이 있어요. 여럿이 하는 놀이로는 연실 끊기, 높이 날리기 등이 있어요.

널뛰기

한 사람씩 번갈아 뛰는 널뛰기는 여자들이 즐기는 놀이예요. 널뛰기가 시작된 것은 옥에 갇힌 남편을 보기 위해 다른 죄수의 아내와 함께 뛰면서부터라는 이야기가 전해 내려오고 있어요.

그네뛰기

힘차게 내딛는 그네뛰기는 주로 단오 때 많이 즐겼어요. 그네는 재미로 즐기기도 했지만, 단오와 같은 명절이 되면 대회를 열어 높이 뛰는 것으로 승부를 겨루기도 했어요.

윷놀이

던져 놓은 4개의 윷가락의 상태에 따라 말판의 말이 한 칸부터 다섯 칸까지 움직일 수 있어요. 윷가락은 앞과 뒷면이 나누어져 있는데 하나만 엎어지면 '도', 둘은 '개', 셋은 '걸', 넷은 '윷' 네 개 모두 똑바로 놓으면 '모'가 되지요. 이러한 순서대로 하여 '도'는 한 칸, '모'는 다섯 칸을 갈 수 있어요. 윷가락에 맞추어 움직이는 것을 '말'이라고 해요.

팽이와 제기 차기

팽이는 원뿔 모양으로 깎은 나무 몸체 중간에 못과 같은 단단한 것을 박아 만들었어요. 제기차기는 발로 하는 놀이로 둘이 하거나 편을 갈라 여럿이 하기도 했어요. 놀이 방법은 한 발로 차는 것 이외에도 양쪽 발로 번갈아 차기, 발등으로만 차기 등이 있어요.

 ## 기타 놀이

어른들의 놀이 '장기'

여자아이들의 '공기놀이'

돌 맞추기 놀이 '비석치기'

막대놀이 '자치기'

조선말~대한제국

조선말기에는 서양의 새로운 문물이 들어오기 시작했으며, 1897년에는 나라이름이 대한제국으로 새롭게 바뀌었어요.
1904년 우리 나라를 둘러싼 일본과 러시아의 전쟁이 일어났고, 일본은 여기서 승리하자 침략정책을 펴기 시작했어요. 1905년의 을사조약 후에는 우리나라가 점차 일본의 식민지가 되기 시작하였답니다.

대한제국 1897년경~1948년

▶ 132~137쪽, 1,905년 경의 **대한제국(가을)**

대한제국(가을)

1905년경

1900년 전후에는 각 분야에서 새로운 계몽운동이 일어났어요. 하지만 일본의 간섭에 의해 새로운 변화는 성과를 거두지 못했지요. 또한 일제는 철도, 항만, 통신 등을 독점하여 산업활동을 지배했습니다.

대한제국 (가을) 1905년경

노비제도 폐지 마3

조선말에 갑오개혁으로 신분제도가 폐지되어 양반과 상민(평민과 노비)이 없어졌어요. 이것은 양반 중심사회가 평등사회로 바뀌는 것을 말하는 것이었지요.

상여 다2

상여로 운반한 죽은 사람을 땅에 묻는 모습이에요. '상여'란 죽은 사람을 무덤까지 옮기는 운반도구를 말해요. 상여운반은 죽은 사람의 혼이 편안한 세상으로 가도록 하는 여러 가지 상례절차의 하나지요. 또한 이 때 부르는 노래에 죽은 이의 명복을 빌고, 살아있는 사람의 더 나은 삶을 바란다는 뜻이 담겨 있습니다.

전차 가6

전기회사가 세워지면서 1899년에는 서울에 전차가 처음 개통되었어요. 전차는 서대문과 청량리간을 오고 갔어요. 1890년에는 한강철교가 놓이면서 서울, 인천간의 증기기관차도 운행되기 시작했습니다. 움직이는 전차를 처음 보게 된 이 때 사람들은 그 모습이 너무도 신기해서 무작정 타 보기도 했대요.

인력거 마6

이 수레는 사람이 직접 끌던 '인력거'라는 교통수단이에요. 오늘날의 택시와 같다고 할 수 있지요. 인력거는 서울과 지방의 큰 도시 안에서만 이용할 수 있었는데, 이용료가 무척 비싸서 일반인들은 거의 타지 못했답니다.

사진관 바5

이 때쯤부터 서울에 사진관이 하나 둘씩 생겨나기 시작했어요. 사진을 처음 본 사람들은 자신의 모습이 종이 위에 나타난 것을 보고는 무척 놀라며 당황해 했다고 합니다.

교육

이 때는 서양식 교육기관인 **사립 학교**들이 많았어요. 대표적인 학교로는 **배재학당, 경신학교, 이화학당, 원산학교** 등이 있었지요. 전국의 학교 수가 3천 여개까지 달했답니다.

우편

우체부 아저씨에게 편지를 건네받고 있어요. 우리 나라에 우편제도가 정식으로 시작된 때는 1895년이었어요. 전화가 보급되지 않았던 이 시기에는 편지가 **소식**을 주고받는 **중요한 수단**이었습니다.

단발령

일본경찰들이 사람마다 붙잡아 강제로 상투를 자르고 있어요. 이 때 우리 나라에는 모든 남자들에게 상투를 자르라는 '단발령'이 내려졌어요. 단발령은 나라에서 발표했지만 사실은 일제의 강압에 의해서 행하여 졌답니다.

신문

신문이 처음 만들어진 이 시기에는 창간된 지 1년만에 일제의 탄압으로 문을 닫은 '**한성순보**'를 포함해 **독립신문, 대한매일신보** 등의 많은 신문들이 있었어요. 그 중 독립신문은 한글만을 사용한 신문으로 국어 활성화에 큰 기여를 했어요.

가로등

1900년 서울 중심가에는 전기로 불을 밝히는 가로등이 처음 생겼어요. 가로등을 본 사람들은 몹시 신기해 했어요. 비가 비가 와도 바람이 불어도 꺼지지 않는 **전기불**을 처음 보았기 때문이었지요.

기차

화물 증기 기관차가 쌀을 가득 싣고 달리고 있어요. 일본으로 가는 쌀이지요. 1800년대 말부터 일본은 우리 나라에서 쌀을 헐값으로 가져갔어요. 많을 때는 우리 나라 쌀 생산량의 절반 이상을 빼앗아 가기도 했지요. 그래서 많은 사람들은 배고픈 설움까지 겪어야 했답니다.

6. 조선말~대한제국

일제 강점기

1910년 한일합방이 되어 우리나라는 주권을 완전히 빼앗겼습니다. 그 후 일본은 우리나라에서 36년간 끝없는 탄압과 만행을 저질렀지요. 이때가 우리의 5천년 역사상 가장 부끄러운 시기였어요. 하지만 우리 민족의 끊임없는 독립운동과 제2차 세계대전 연합국에게 일본이 패망함으로 1945년 드디어 우리나라는 광복을 맞게 되었습니다.

일제 강점기 1910년~1945년

▶ 140~145쪽, 1920년 경의 **일제 강점기(여름)**

▶ 146~151쪽, 1940년 경의 **일제 강점기(겨울)**

일제 강점기 (여름)
1920년경

한일합병으로 우리 나라는 일본의 식민지가 되고 말았어요.

일본은 모든 정치적, 군사적 권력을 쥐고 우리 나라를 총칼로 다스렸지요.

일본은 독립운동가들을 잡아가거나 죽였고, 많은 교육기관을 탄압, 폐쇄시켰어요.

또한 일본 기업인들은 우리 땅에 공장을 세워 우리에게

값싼 임금과 10시간 이상의 노동을 강요하기도 했어요.

142 아하! 그땐 이렇게 살았군요

일제강점기 (여름) 1920년경

의상 다6

사람들의 **옷**은 조선시대와 비슷했지만, **약간의 변화**는 있었어요. 남자들은 한복 위에 마고자나 조끼를 입기도 했고, 여자는 길어진 저고리와 짧아진 개량치마를 입기도 했어요. 현대화 된 서양식 옷도 입기 시작했지요.

고무신 바1

보통사람들은 짚신이나 모시, 삼 등으로 짠 미투리를 신었던 이때에 고무신이 나와 사람들에게 큰 **인기**를 끌었어요. 고무신은 **비가 올 때도 젖지 않고, 잘 닳지 않아서** 인기가 대단했답니다.

시내버스 마3

서울시내에 버스가 **처음 운행**된 때는 **1928년**이었어요. 버스는 전차나 인력거를 이용할 때 보다 더 빠르고 편했지요. 하지만 생활이 어려운 대부분의 사람들은 걸어다녔답니다.

극장 가4

이때에도 영화를 상영하는 극장이 있었어요. 거의 모든 영화가 일본 사람들에 의해 만들어 졌지요. 또 이 당시의 영화는 소리가 나지 않는 '**무성영화**'였어요. 그래서 한 명의 **변사**가 모든 인물의 입을 맞춰 목소리를 내야 했답니다.

태극기 마6

어떤 사람이 일본군의 감시를 피해 태극기를 펼쳐 보이면서 아이들에게 우리 나라의 국기임을 알려 주고 있어요. 일제는 한일합병 직후부터 태극기를 사용하지 못하게 했어요. 태극기는 1882년 8월 9일 수신사인 박영효가 일본으로 가던 중 배에서 만들어 사용하기도 했고 이듬해인 1883년 1월에는 국기로 지정되었지요. 태극모양과 4괘로 이루어진 **태극기는 우주와 자연, 그리고 인간의 도리를 표현**한 것이라고 합니다.

학교 아6

이 때부터 일제는 많은 학교의 문을 닫게 했어요. 우리 민족에게서 공부의 기회조차 빼앗으려는 것이었지요. 그리고 여러 곳에 초등학교 정도의 기본 교육기관을 세워 우리 나라 학생들에게 **일본어**를 가르쳤어요. **교사들은 대부분 일본사람**이었는데, 제복을 입고, 칼까지 차고 수업을 했답니다.

의열단 아3

의열단으로 보이는 두 사람이 폭탄을 던지고 황급히 몸을 피하고 있어요. '의열단' 이란, 일제에게 테러를 가해서라도 우리민족의 **독립**을 앞당기고자 했던 **비밀단체**랍니다.

공장 가1

일본기업들은 우리 나라에 많은 공장을 세웠어요. 그리고는 우리의 젊은이들을 혹사시켰지요. 이를 참다 못한 우리 근로자들이 임금 인상과 노동시간 단축 등을 요구하며 파업을 했지만 일제는 무자비한 탄압을 했습니다.

일제 강점기(겨울)
1940년경

일제는 우리나라 사람들의 **이름**까지 **강제**로 **일본식**으로 바꾸게 했어요. 한글 신문의 발행도 금지시키고, 일본어만을 쓰도록 강요했지요. 또 매일 아침 일본 왕이 있는 동쪽을 향해 머리 숙여 절을 하도록 강요하는 등, 우리의 **민족성**과 **자주성**을 **말살**하려 했습니다.

일제강점기 (겨울) 1940년경

빈민자 라4

아침 일찍 물건과 지게를 짊어지고 일을 나서고 있어요. 도시에는 다리 밑이나 변두리의 움막에서 사는 이들이 많았어요. 이들은 대부분 일제의 토지 사업으로 땅을 빼앗긴 농부들이었지요.

창씨개명 바5

사람들이 이름을 바꾸기 위해 길게 줄을 서 기다리고 있어요. 1939년 11월, 일제는 우리 나라 사람들의 이름을 일본식으로 바꾸는 창씨개명을 하도록 강요했어요. 이름을 바꾸지 않으면 학교에 들어 갈 수 없으며, 식량과 물품을 배급받지 못하게 했어요. 행정기관의 사무와 우편, 화물을 취급해 주지 않고 노동자 착출 대상이 되기도 했어요.

가마니 짜기 마2

일제는 우리 나라의 쌀을 가져가느라 쌀을 담는 가마니가 필요했지요. 그래서 사람들에게 가마니를 짜게 하여 헐값으로 거둬들였어요. 가난한 사람들은 생계를 위해 어쩔 수 없이 가마니를 짜야만 했습니다.

식기류 강탈 나1

일본군이 많은 양의 그릇들을 빼앗아 가고 있네요. 일제는 가정에서 쓰는 놋그릇과 귀금속 등의 금속 제품을 강제로 빼앗아 가기도 했어요. 그 이유는 일본의 무기생산 재료를 충당하기 위해서였지요.

신사참배 아1

일제는 자기네 개국 신에게 절을 하는 '신사'라는 곳을 우리 나라 곳곳에 만들어 놓았어요. 그리고 우리 나라 사람들에게 일본의 국경일에 이 곳에서 절을 하게 했지요. 학교에서도 아침 조회 시간에 모든 학생들에게 그에 관한 선서까지 외우게 해 **우리 민족의 정신을 개조**하려 했습니다.

일본어 사용 다6

이 시기의 일제는 어린이와 일반인들을 모아 놓고, 자기네 나라의 말과 글인 **일본어를 강제**로 가르쳤어요. 그리고 **우리말과 글을 쓰지 못하게** 했지요. 만약 우리말을 하거나 글을 쓰다가 들키면 큰 **벌금**을 물거나 **감옥생활**을 했답니다.

징병제 나3

1938년부터 우리 나라의 젊은 청년과 학생들이 일본 군대로 끌려가기 시작했어요. 일본의 침략 전쟁에 우리의 젊은이들을 강제로 내 본 것이지요.

정신대 사3

일제는 남자만 군대로 끌고 간 것이 아니라, 수많은 젊은 여자들도 끌고 갔어요. '여자정신대'라 하여 군수공장에서 **힘든 노동**을 시키거나, 전쟁터에서 일본 군인을 위한 **위안부**로 삼는 짐승 같은 만행을 저지른 것이지요.

대한민국

1945년 우리민족은 마침내 감격스러운 해방을 맞이하게 되었어요. 그러나 기쁨도 잠시, 국토분단이라는 또 다른 시련을 맞게 되었지요. 1950년에는 민족의 비극인 6.25전쟁이 일어나 엄청난 피해를 입고 말았습니다. 하지만 우리는 온 국민의 땀과 노력으로 점차 가난에서 벗어나 눈부신 경제성장을 이룩하였습니다.

대한민국 1948년~현재

▶ 154~159쪽, 1969년 경의 **대한민국(가을)**

▶ 160~165쪽, 1975년 경의 **대한민국(겨울)**

6.25전쟁으로 모든 것이 폐허가 되어 사람들의 생활은 몹시 어려웠어요.
이 때는 무엇 하나 그냥 버리는 물건이 없었어요. 빈 병이나 깡통은 등잔을 만들었고,
형이나 언니 옷은 당연히 물려 입었지요. 거의 모든 사람들이
물자절약을 생활화하며 살아야 했답니다.

대한민국(가을) 1969년경

전기불 바2

우리 나라에 전기가 들어온 지 70여 년이 지난 이 때에도 전체 가구 중, 평균 다섯 집에 한 집 정도만 전등을 사용했어요. 나머지는 촛불, 호롱불, 등잔을 썼던 것이지요.

물펌프 가1

이것은 땅속의 **지하수를 끌어올리는 장치**인 '수동 물펌프'예요. 상수도 시설이 되어 있지 않고 평지에 위치한 마당이 있는 집에서 주로 사용했지요. 겨울에는 뜨거운 물로 녹인 후 사용해야 했어요. 또한 이 펌프는 사용하는데 힘이 많이 필요해서 어린 아이들은 몸의 무게를 싣고 뛰어오르듯 해야만 했답니다.

텔레비전 마4

동네 사람들이 모여 앉아 텔레비전을 보고 있어요. **1960년대 초반에 KBS와 TBC 방송국**이 생겨 처음으로 텔레비전을 보게 되었어요. 이때는 **텔레비전 없는 집**이 많아서 여럿이 모여 **함께 보는 일이** 많았답니다.

영화 가5

60년대 텔레비전 방송이 시작되었지만 TV는 너무 비쌌고 프로그램도 다양하지 않았어요. 그래서 **극장 영화가 인기를** 얻고 있었지요. 60년대 말은 1년에 2백 여 편의 영화를 제작 상영할 정도여서 **한국영화의 전성시대**였습니다.

연탄 바1

연탄을 가는 장면이에요. 검은 연탄이 다 타면 하얗게 색이 변하거든요. 이때 도시의 일반 가정에서는 음식을 익히거나 난방을 할 때 연탄불을 이용했어요. 연탄은 석탄가루를 원통형 모양으로 압축한 것인데, 불이 잘 붙고 연소가 잘 되도록 가운데 여러 개의 구멍이 뚫려있지요.

아이들 놀이 다2

비석치기와 구슬치기 놀이를 하는 아이들이에요. 돌로 상대의 돌을 맞혀 쓰러뜨리는 것이 비석치기예요. 구슬치기 놀이는 상대편의 유리 구슬을 세모꼴 안에 놓아두고, 자기 구슬을 던져 맞히면 선 밖으로 나간 상대의 구슬을 갖는 놀이랍니다.

몸빼바지 아2

아주머니들이 헐렁한 바지를 입고 있는데, 이것을 '몸빼바지'라고 해요. 일제 강점기 때 강요되어 보급되었던 것을 해방 후부터 널리 입었지요. 활동하기가 편해 어머니나 할머니들이 주로 입었어요. 오늘날의 재래 시장에 가 보면 이 바지를 입고 장사하는 할머니를 볼 수 있답니다.

공동수돗가 아1

우리 나라에 상수도시설이 놓여진 것은 1908년부터였어요. 처음에는 마을공동으로 사용하였고, 60년대에 와서야 집집마다 수도가 놓이게 되었지요. 그러나 높은 동네나 물 사정이 좋지 못한 지역은 이 때까지도 공동수돗가가 있었어요. 이곳에는 언제나 차례를 기다리는 물동이들이 길게 줄지어 있었답니다.

공중전화 나6

공중전화는 1926년에 처음 생겼는데, 이때는 사람이 관리를 했어요. 60년대에 와서는 지금처럼 기본요금 방식을 이용해 요금을 5원으로 시작했지요. 공중전화는 1977년에 요금이 10원으로 인상 될 때까지 전화 없는 사람들에게 많은 사랑을 받았습니다.

대한민국 (겨울)
1975년경

1960-70년대 젊은 사람들은 더 나은 삶을 위해 **도시로** 몰려들기 시작했어요. 그래서 도시 인구가 많아졌지요. 이 때는 좀 더 잘살아 보기 위해 새마을운동과 경제개발 5개년 계획을 벌여 모두 열심히 일했어요. 그 결과 **눈부신 경제 발전**을 이룩하였지요.

대한민국(가을) 1975년경

버스 아1

이때의 시내버스에는 문이 하나밖에 없었어요. 그래서 승객들은 한곳으로만 타고 내렸지요. 또 안내양(차장)이 있어서 버스 문을 열고 닫아 주거나 돈을 받고 잔돈도 거슬러 주었답니다.

엿장수 다3

손수레를 세워 놓은 **엿장수 아저씨**가 **폐품수거**를 위해 가위소리를 내며 사람들을 불러모으고 있어요. 구멍난 냄비나 철 깡통, 음료수 병, 신문지 다발 등을 맛있는 호박엿이나 흰 가락엿 또는 강냉이(뻥튀기)와 바꾸었지요.

아파트 라1

70년대 초, 농촌에서 새마을 운동으로 초가집을 고칠 때 도시에서는 아파트를 많이 건설했어요. 아파트를 처음 본 사람들은 저 높은 데서 어떻게 살까 걱정하기도 했대요. 높아야 6층이었는데 말이에요.

이발소 바5

요즈음은 남자도 미용실을 찾지만, 이때 남자들은 주로 '이발소' 라는 곳에서 머리를 깎았어요. 아저씨들에게는 수염도 깎아 주었답니다.

뻥튀기 다6

"뻥"하는 소리와 함께 흰 연기가 피어오르게 하는 이것은 뻥튀기기계라는 것이에요. 뻥튀기는 말린 낱알 옥수수나 보리, 쌀 등을 튀겨낸 것으로 좋은 간식이었지요. 뻥튀기 튀기는 광경은 꼬마들에게는 재미있는 구경거리였어요.

뽑기 마6

이 당시 아이들에게는 군것질거리가 다양하지 못했지만 뽑기라는 것이 있었어요. 설탕과 소다를 연탄불 위에서 녹여 판에 붓고 모양 틀로 찍어서 그 모양대로 뜯어먹는 것이지요. 또다른 뽑기는 설탕만을 녹여 만든 배, 권총, 칼 모양의 납작하고 투명한 사탕을 추첨하여 뽑아 가는 것이었는데, 아이들은 이 화려한 사탕을 너무나 갖고 싶어했답니다.

아이들 놀이 가2

남자아이들이 딱지치기와 팽이 돌리기 놀이를 하고있어요. 딱지치기는 종이를 접어 만든 딱지로 상대방의 딱지를 뒤집는 게임이에요. 또한 이때의 도시 아이들은 팽이세트를 사서 나무나 플라스틱으로 된 몸체에 철심을 조립시킨 후 팽이 돌리기 놀이를 했어요.

통행금지 ✕

이 무렵까지 우리 나라에는 야간 통행금지라는 제도가 있었어요. 밤12시부터 새벽4시까지는 나다닐 수가 없었지요. 위급한 상황으로 병원에라도 가려면 파출소에서 통행증을 받아야 했는데, 이 제도는 1982년에 해제되었어요.

도시락 검사와 장발단속 아5

점심시간에 학생들이 도시락 검사를 받고 있네요. 이때는 혼식이 장려되어서 쌀과 보리를 섞어 먹어야 했어요. 그리고 어른들에게는 머리를 기르는 장발과 미니스커트가 금지되기도 했답니다.

아하! 그땐 이렇게 살았군요
부록

지난 100년간의

문화생활

(1883~1998)

1900 최초의 전기 가로등 설치(종로)

1900 한강철교 개통

1903 자동차 최초 등장 (고종 황제용)

1900년대

1909 창경원 (동물·식물원) 개원

1905 시계사용 시작 (열차 시각용)

1908 상수도 시설 시작

1907 극장(단성사) 개관

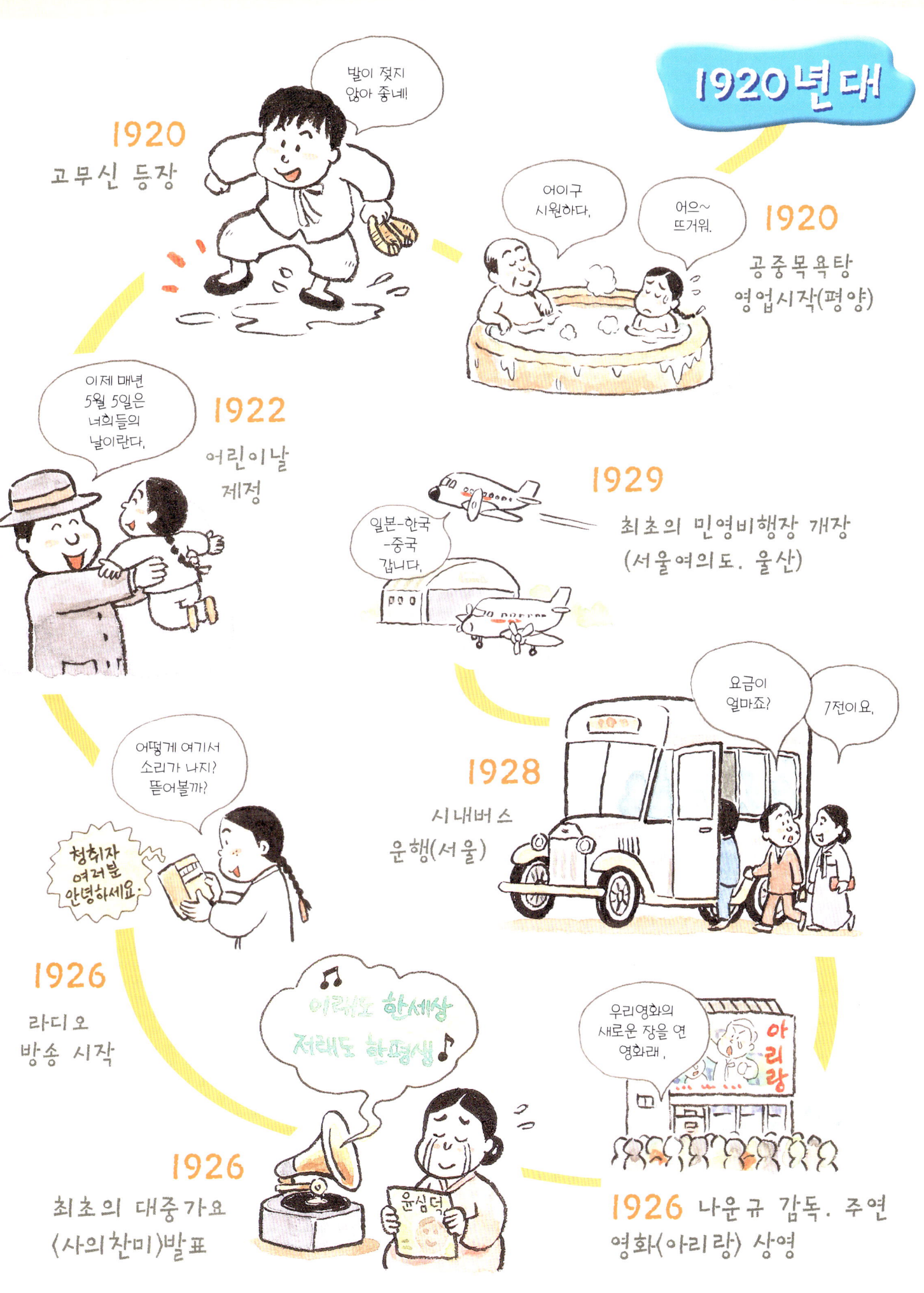

1950년대

1950 한국은행설립 (제1차 화폐개혁)

은행 설립과 동시에 새돈 '1,000원'과 '100원'짜리 지폐를 만들었습니다.

1953 제2차 화폐개혁

쓰던 지폐 '1000원'이 새 지폐 '10환'으로 바뀌었어요.

1955 국산자동차 〈시발 택시〉 등장

중고부품을 이용해 손으로 만든 조립 자동차랍니다.

1950 6.25전쟁발발

같은 민족끼리 싸우다니……

1952 연탄 등장

땔감나무보다 아주 간편해요.

1957 제1회 미스코리아 선발대회 개최

감사합니다, 미스 유니버스에서 좋은 성적 거둘께요.

1950 구호품 패션 유행

미군이 입던 군복을 염색했어요. 군복으로 만든 저고리예요.

1951 6년제의무교육 6-3-3-4학년제 실시

국민(초등)학교는 6년제, 중학교는 3학년, 고등학교는 3학년, 대학교는 4학년.

1959 국내 첫 SF만화책 〈라이파이〉 발간

악의 무리 때려부수는 라이파이!

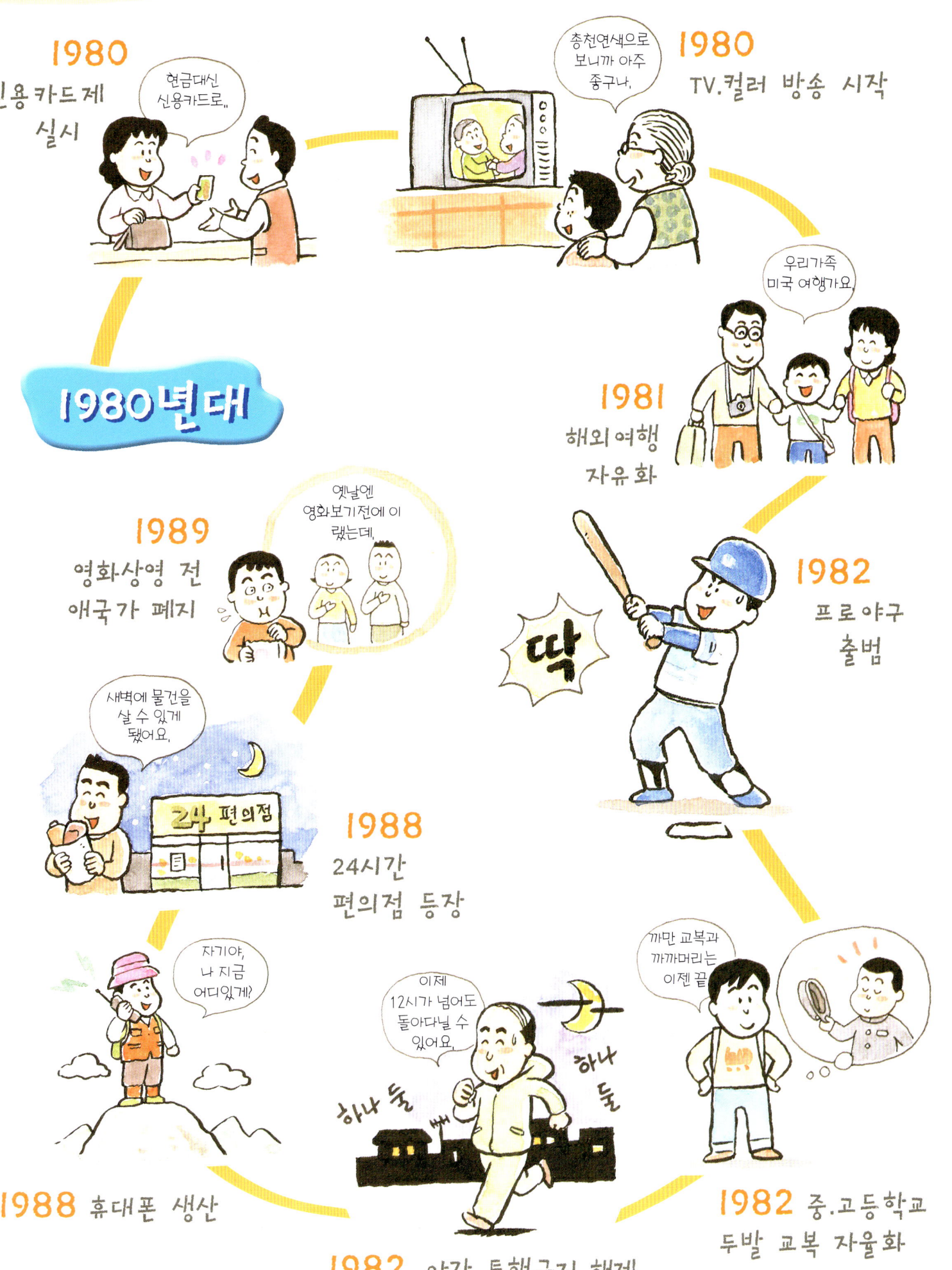

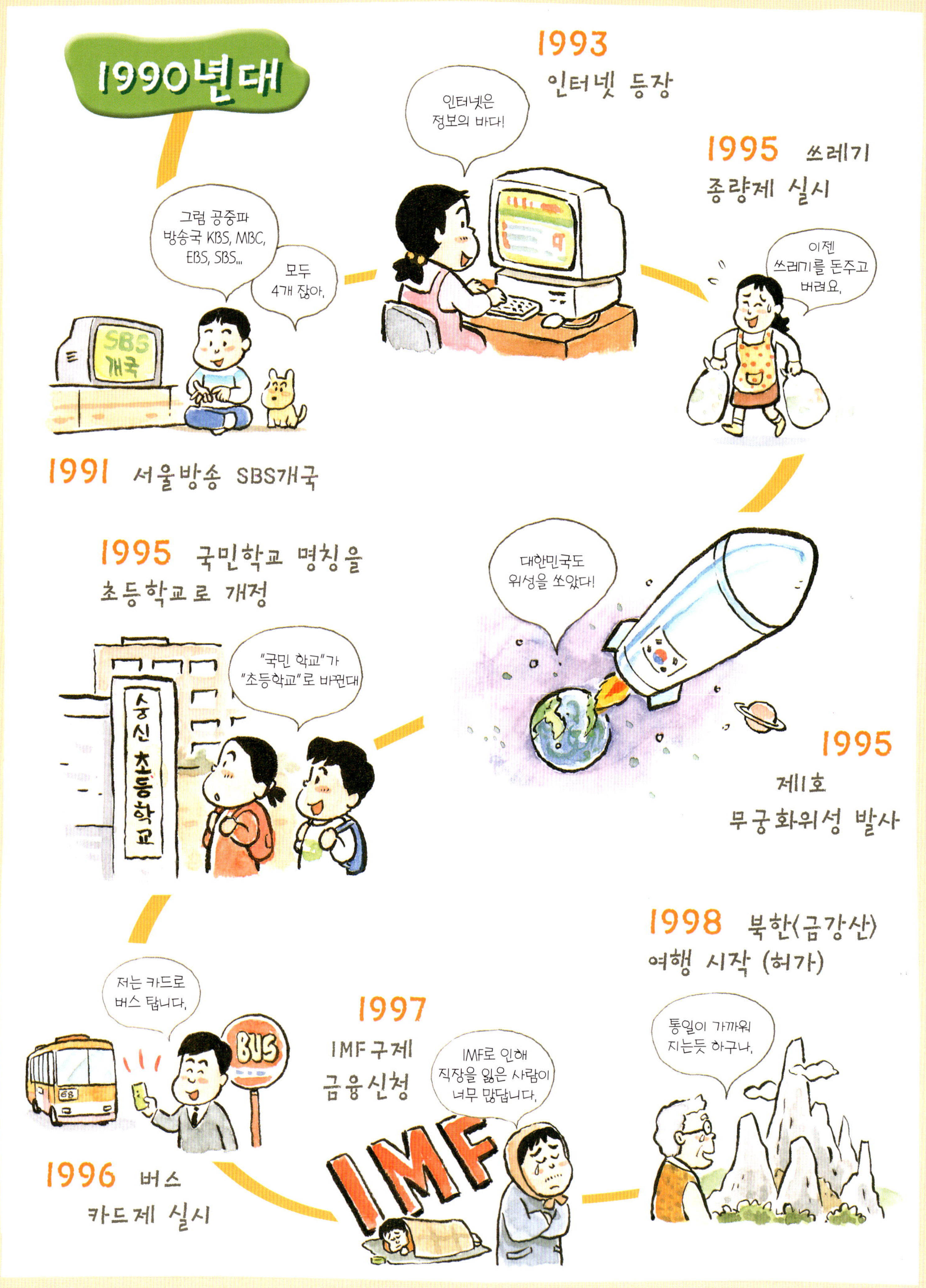

한눈에 보는 역사 연표

선사시대와 연맹왕국 (B.C. 45억년~B.C. 18년)

B.C. 약 45억년 경	지구탄생
B.C. 약 3백만년 경	최초의 인류 출현
B.C. 약 70만년 경	구석기문화 시작
B.C. 약 6천년 경	신석기문화 시작
B.C. 2333년	단군, 조선 왕이 됨
B.C. 약 1000년 경	청동기문화 시작
B.C. 약 500년 경	부여 건국
B.C. 약 300년 경	철기문화 시작
B.C. 약 108년 경	고조선 멸망

삼국시대 (B.C. 100년 ~ A.D 676년)

B.C. 100년경	고구려, 옥저와 동예, 삼한 건국
B.C. 57	신라 건국
B.C. 18	백제 건국
194	고구려, 진대법 실시
372	고구려, 불교 전래, 태학 설치
384	백제, 불교 전래
405	백제, 일본에 한학 전래
433	나·제 동맹 성립
527	신라, 불교를 공인
552	백제, 일본에 불교 전래
612	고구려, 살수대첩(을지문덕)
645	고구려, 안시성 싸움
647	신라, 첨성대 건립
660	백제 멸망
668	고구려 멸망
676	신라, 삼국 통일

통일신라시대 (682년 ~ 935년)

682	신라, 국학 설립
698	발해 건국
751	불국사와 석불사 건립
828	장보고, 청해진 설치
888	신라, 삼대목(향가) 편찬
900	견훤, 후백제 건국
901	궁예, 후고구려 건국
918	왕건, 고려 건국
926	발해 멸망
935	신라 멸망

고려시대 (936년 ~ 1126년)

936	고려, 후삼국 통일
958	과거 제도 실시
992	국자감 설치
996	철전(건원중보) 주조
1019	귀주대첩
1102	해동통보 주조
1107	윤관, 여진 정벌
1126	이자겸의 난
1145	김부식, 삼국사기 편찬
1170	무신 정변
1198	만적의 난
1231	몽고의 1차 침입
1232	강화도로 서울 이전
1234	금속활자로 상정고금예문 간행
1251	대장경 완성
1270	개경으로 환도. 삼별초 대몽고 항쟁
1274	고려. 원나라 1차 일본 정벌

고려시대 (1126년 ~1392년)

1359	홍건적 침입(~1361)
1363	문익점, 목화씨 들여 옴
1376	최영, 왜구 정벌
1388	위화도 회군
1389	박위, 대마도 정벌
1392	고려 멸망, 조선 건국

조선시대 (1402년 ~1659년)

1402	호패법 실시
1413	태조 실록 편찬
1418	세종 즉위
1434	6진 완성
1441	측우기 제작
1443	훈민정음 창제
1446	훈민정음 반포
1466	직전법 실시
1510	삼포 왜란
1519	향약 실시
1555	을묘왜변
1592	임진왜란, 한산도 대첩
1593	행주 대첩
1597	이순신, 명량 대첩
1609	일본과 기유약조 체결
1610	동의보감 완성
1624	이괄의 난
1627	정묘호란
1636	병자호란
1658	2차 나선 정벌
1659	현종즉위

조선시대 (1659년 ~ 1896년)

1678	상평통보 주조
1696	안용복, 독도에 불법으로 들어 온 왜인 쫓음
1708	대동법, 전국적 실시
1712	백두산 정계비 건립
1725	탕평책 실시
1750	균역법 실시
1776	규장각 설치
1784	이승훈, 천주교 전도
1786	서학을 금함
1811	홍경래의 난
1860	최제우, 동학 창시
1861	김정호, 대동여지도 제작
1863	고종 즉위. 흥선 대원군 집권
1865	경복궁 중건(~1872)
1866	병인양요, 제너럴셔먼 호 사건
1871	신미양요
1875	운요 호 사건
1876	강화도 조약
1879	종두법 실시
1882	임오군란, 미국,영국,독일 등과 통상조약 체결
1883	한성순보(신문) 발간. 원산 학사 설립
1884	갑신정변. 우정국 설치
1885	거문도 사건
	배제학당 설립, 서울·인천 간 전신 개통
1886	이화학당 설립
1894	갑오개혁. 동학 농민 운동
1895	을미사변
1896	독립협회 설립. 독립신문 발간. 아관 파천

대한제국 (1987년~1909년)

1897	대한제국 선포, 만국 우편 연합 가입
1898	만민 공동회 개최, 황성신문 발간
1900	활빈당 결성
1905	을사조약
1906	통감부 설치
1907	국채 보상 운동. 헤이그 특사 파견. 고종 황제 퇴위
1909	안중근, 이토 히로부미 저격

일제강점기 (1910년~1945년)

1910	한일 합방
1912	토지 조사 사업 시작
1914	대한 광복군 정부 수립
1919	3.1운동. 대한민국 임시 정부 수립
1920	김좌진의 청산리 전투. 조선일보, 동아일보 창간
1922	어린이날 제정(방정환)
1927	신간회 조직
1929	광주 학생 독립 운동
1932	이봉창 의거. 윤봉길 의거
1933	한글 맞춤법 통일안 제정
1940	일본, 창씨 개명 등 민족 말살 정책 강화 광복군 결성
1945	8.15해방

대한민국 (1945년 ~ 현재)

1948	대한민국 정부 수립
1950	6·25 전쟁
1953	휴전 협정 조인
1960	4·19 혁명
1961	박정희, 5·16군사정변
1962	제1차 경제 개발 5개년 계획(~1966)
1967	제2차 경제 개발 5개년 계획(~1971)
1970	새마을 운동 시작
1972	제3차 경제 개발 5개년 계획(~1976)
	7·4 남북 공동 성명, 남북 적십자 회담
1977	제4차 경제 개발 5개년 계획(~1981)
1979	박정희 대통령 피살
	12·12 사태
1980	광주 민주화 운동
1986	서울 아시아 경기 대회
1987	6·29선언
1988	제24회 올림픽 경기 대회(서울)
1991	남·북한 유엔 동시 가입
1997	국제통화기금(IMF)체제에 들어감
2001	국제통화 기금에서 벗어남

어디에 있을까?

가

가로등 - 137
가마니짜기 -150
가마터 - 89
가죽옷 - 16
가축사육 - 34
개량치마 -144
구석기 - 13
건어물 - 23
경신학교 - 137
경제성장 -153
고래잡이 - 40
고기 말리기 - 40
고구려 - 49
고려 -83
고려가요(속요) - 94
고려청자 - 89
고무신 -144
고인돌 - 35
골품제도 - 69
공동수돗가 - 159

공동우물가 - 94
공방 - 121
공중전화 - 159
구슬치기 -159
국자감 - 88
국토분단 -153
과거제도 - 95
관가 - 115
귀틀집 - 47
귀족집 - 56
그물 배 - 108
그물 손질 - 108
극장 - 144, 158
글(문자) - 47
금은세공업 -71
금속활자 - 91
기와집 - 46
기차 -137
길쌈 - 102
김치 - 63

나

나루터 -123
나룻배 - 123
낚시 - 22
난전 - 117
남사당 - 122
노비제도 폐지 -136

다

다듬이질 - 103
단발령 -137
단오 - 80
담배 - 114
대보름 - 95
대장간 - 68, 120
대한매일신보 - 137
대한민국 - 153
대한제국 - 133
데릴사위제 - 57
독립신문 - 137
동굴생활 - 17

동굴벽화 - 17
등잔 - 94
따비 - 47
딱지치기 - 165
떡메 - 88

마
마고자 - 144
막집 - 46
만물상 - 120
목판인쇄술 - 94
목화 - 89
몸빼바지 - 159
무성영화 - 144
무자위(수차) - 123
물레방아 - 122
물물교환 - 23
물펌프 - 158

바
바구니 짜기 - 81
반두 - 40

밭농사 - 22
법률 - 62
버스 - 144
벼농사 - 34
벽화 - 41
변사 - 144
배낚시 - 41
배 수리 - 109
배제학당 - 137
백제 - 59
베틀 - 102
보리타작 - 122
보부상 - 121
봉수대 - 69
부적 - 102
불(손비빔식) - 17
불(활비빔식) - 17
불(작용, 반작용식) - 17
불교 - 57
비석치기 - 159
빈민자 - 150
빨래 - 109

뻥튀기 - 165
뽑기 - 165

사
사냥 - 16, 22, 29, 34, 56
사냥도구 - 16,
사냥도구 만들기 - 28
사진관 - 136
산전 - 88
삼국시대 - 51
상여 - 136
상투머리 - 103
서당 - 115
서양식 교육기관 - 137
설피 - 114
성균관 - 115
성황당 - 102
성 쌓기 - 68
새마을운동 - 161
소금 - 88
수저와 젓가락 - 63
시계 - 103

시내버스 - 164
시장 - 62, 120
식기류 강탈 - 150
식수 구하기 - 28
신라 - 65
신문 - 137
신분제도 - 103
신사참배 - 151
신석기 - 19, 25
싸전 - 120
씨름 - 80

아

아파트 - 164
약재상 - 120
양반사회 - 99
양식공동분배 - 29
어시장 - 109
얼음 - 81
연날리기 - 95
연등회 - 95
연자방아 - 102

연탄 - 159
열매채집 - 16
엿장수 - 164
오일장 - 120
옷감 만들기 - 28

옹기 - 81
우편 - 137
움집 - 22, 34
원산학교 - 137
유가행렬 - 95
유교 - 99
육의전 - 121
을사조약 - 131
의열단 - 145

의창 - 89
이발소 - 164
이화학당 - 137
인력거 - 136
일제강점기 - 141

자
자격루 - 103

장승 - 88
장발단속 - 165
장작 패기 - 114
저수지 - 63
전깃불 - 158
전쟁 - 35, 153
전차 - 136
젓갈 담그기 - 109
정신대(종군위안부) - 151
잿물 - 88
쟁기 - 63
제기차기 - 115
조개무덤 - 41
조개잡이 - 108
조개채취 - 41
조기 말리기 - 109
조선시대 - 97
주막 - 121
줄낚시 배 - 108
쥐불놓기 - 95
지게 - 115
직지심체요절 - 94

진대법 - 57
짐배 - 123
징병제 - 151

차
창씨개명 - 150
천자문 - 115
철기 - 43
철기제작 - 46
청동기 - 31
청동기류 - 35
차 마시기 - 69
추수감사제(추석) - 69
추석 - 103

타
타작 - 103
태권도 - 68
태극기 - 145
태학 - 57
텔레비전 - 158
토기 만들기 - 23, 35
통가리 - 102
통나무 배 - 41

통발 - 40
통일신라 - 75
통행금지 - 165

파
팔만대장경 - 94
팽이치기(돌리기) - 95, 165
평민집 - 56
포구 - 123
품앗이 - 122
풍어제 - 109

하
한국전쟁(6.25) - 153
한글 - 102
한성순보 - 137
한일합병 - 139
향가 - 80
향교 - 115
해방 - 153
호패 - 115
혼례 - 114
화랑도 - 68
화물수송 - 81

화백제도 - 65
화장 - 95
화장실 - 95